Albert Espinosa

MEIN LÄCHELN IN DEINER HAND

Geschichte einer Heimkehr

Roman

Aus dem Spanischen von Sonja Hagemann

W0193764

GOLDMANN

Die spanische Originalausgabe erschien 2013 unter dem Titel
Brújulas que buscan sonrisas perdidas bei Grijalbo & Rosa dels
Vents, einem Imprint von Penguin Random House Grupo Editorial,
S.A.U., Barcelona.

 Dieses Buch ist auch als E-Book erhältlich.

Verlagsgruppe Random House FSC® N001967
1. Auflage

Deutsche Erstausgabe Oktober 2017
© 2016 Wilhelm Goldmann Verlag, München,
in der Verlagsgruppe Random House GmbH,
Neumarkter Str. 28, 81673 München
© 2013 Albert Espinosa Puig
© 2013 Random House Mondadori, S. A.,
Travessera de Gràcia, 47-49, 08021 Barcelona
Umschlaggestaltung: UNO Werbeagentur, München, nach einer Vorlage
von Penguin Random House Grupo Editorial/Manuel Esclapez
Coverillustration: © Llorenç Pons Moll
Lektorat: Judith Mark, Freiburg i. Br.
fm · Herstellung: cf
Satz: Satzwerk Huber, Germering
Druck und Bindung: GGP Media GmbH, Pößneck
Printed in Germany
ISBN 978-3-442-22213-1

www.goldmann-verlag.de

Inhalt

*Verfasst im Sommer 2012 in und auf
Menorca, Escala, Barcelona, Las Pungolas,
Buenos Aires, Paris, London,
Fuenlabrada, Córdoba und A Coruña*

Um zu leben, muss man leben ...
Das sollten wir nie vergessen.

A

Der faszinierende Junge, der beim Basteln die Zunge rausstreckte

Mein Vater war der faszinierende Junge, der beim Basteln die Zunge rausstreckte. Nein, er selbst hat mir das nie gesagt. Wir haben ja kaum miteinander geredet.

Ich weiß es, weil ich es in der Widmung eines Buches gelesen habe, das meine Großmutter ihm zum achten Geburtstag geschenkt hat. Und er schenkte es dann mir, als ich genauso alt wurde. Damals ließ er mich glauben, dass er es extra für mich gekauft hatte. Und ahnte dabei nicht, dass die Widmung seiner Mutter ihn verraten würde.

Für den faszinierenden Jungen, der beim Basteln die Zunge rausstreckt: Vergiss nie, dass du alles sein kannst, was du willst.

Schade, dass diese Widmung nicht mir galt. Seit jenem Tag habe ich nie wieder etwas verschenkt, das ich vorher selbst geschenkt bekommen hatte.

Kindheitstraumata, aus denen bestehen wir schließlich alle, aus Kindheitstraumata ...

Als ich Vater nach vielen Jahren wieder begegnete, hatte ihn seine Krankheit bereits verändert. Oder vielleicht sollte ich eher sagen, dass sie ihn verwandelt hatte. Es war mir ein Bedürfnis gewesen, ihn noch einmal zu sehen. Mit meinem großen Bruder konnten wir schon seit Jahren nicht mehr rechnen, außerdem hatte ich es Mutter vor ihrem Tod ja versprochen. »Ich werd mich um ihn kümmern. Versprochen. Ich werde für ihn da sein ...«

Das war gelogen, ich wollte nun wirklich nicht für ihn sorgen. Aber wenn der Mensch gehen muss, der dich aufgezogen hat, dann versprichst du ihm einfach alles.

Vermutlich ist es nicht viel anders, wenn du zur Welt kommst. Dann verspricht dir die Person, die dich aufzieht und erzieht, auch tausend Sachen, die sich nicht erfüllen werden. Und schließlich musst du dann raus ins Leben. Und da verteidigt dich niemand, niemand erspart dir die Angriffe anderer. Noch nicht einmal die deiner eigenen Familie.

Eigentlich hatte ich meine Worte ja nie für eine echte Verpflichtung gehalten. Sie hatten doch nur der Frau gegolten, die mich großgezogen hatte. Ich dachte, dass ich dieses Versprechen nie erfüllen würde, weil Vater meine Rückkehr gar nicht verdient hatte. Aber als es dann so weit war, machte ich mich doch auf den Weg zurück zu ihm.

Mein Leben war seltsam. Oder so empfand ich es zumindest.

Kennt ihr das, wenn Tage und Nächte irgendwie ineinander übergehen?

Wenn man sich abends ins Bett legt und denkt, dass doch unmöglich schon wieder ein Tag verstrichen sein kann?

Das passierte mir einfach jeden Abend, jede Nacht. Und irgendwie war das gar kein Leben mehr, stattdessen nahm ich bloß noch wahr, wie rund um meinen Biorhythmus die Zeit verstrich. Sie verrann so schnell, dass ich den Eindruck hatte, der Tod müsse mich bald einholen.

Aber dann kam er doch nicht, es war bloß ein Gefühl gewesen. Mein Leben war nicht leicht, weil einfach viel zu viel in viel zu kurzer Zeit passiert war.

Es … es kam mir so vor, als würde ich gar nicht an den Ort gehören, an dem ich mich befand. Die Gepflogenheiten dort gefielen mir nicht, und ich hatte Lust auf etwas Neues.

Und mir war klar, dass ich dafür Zeit hatte. Manchmal entdeckte ich nämlich Fotos von mir, die ein paar Jahre alt waren und auf denen ich so jung und voller Tatendrang aussah. Dann erahnte ich, dass hinter diesen Augen ein Mensch steckte, der einfach alles schaffen konnte. Im wahren Leben empfand ich das allerdings nicht so. Da fühlte ich mich alt und hatte das Gefühl, dass meine Ziele in weiter Ferne lagen.

Beim Betrachten von Fotos begreift man eben, dass früher alles viel besser war, als man damals geglaubt hat.

Ich hatte nicht das Gefühl, dass mich diese Überlegungen zu etwas Besonderem machten. Wahrscheinlich war ich auf dieselbe Art und Weise anders wie alle anderen auch.

Verunsichert ist im Leben doch jeder mal …

Ich erinnere mich noch gut an eine Zeit, in der ich aus beruflichen Gründen dauernd in Hotels übernachten musste. Jede Woche in vier oder fünf. Da kam ich mir dann wie ein Teil von ihnen vor und fand dieses Leben ziemlich bequem. Wenn man es sich in Hotelzimmern denn je wirklich bequem machen kann …

In Hotels ist alles so künstlich.

Das Tischchen im Zimmer, an dem man ja doch nie etwas schreiben wird.

Die Briefumschläge mit dem Logo des Hotels, die du nie abschicken wirst, die nie ihre schwarze Mappe verlassen werden.

Die Döschen mit bunten Kosmetikprodukten, die du nicht benutzt, die aber trotzdem irgendwie in deinem Koffer landen. Und dann zu Hause bei dir im Badezimmer … und ein paar Jahre später schließlich im Müll … ungeöffnet. Diese bunten Döschen haben wirklich einen seltsamen Lebenszyklus. Obwohl er dem mancher Menschen ähneln mag …

In einem dieser Hotels ist mir vor etlichen Jahren etwas wirklich Verblüffendes passiert.

Als ich ins Bett ging, lag auf dem Kopfkissen ein Zettel mit einer goldenen Handschrift auf schwarzem Papier. Der Text war ein Zitat von Voltaire.

Wer glaubt, dass Geld alles kann, wird irgendwann alles für Geld tun. Dabei ist nur wirklich reich, wer seine Wünsche zu beschränken weiß.

Ich war begeistert davon, dass mich hier statt der üblichen Pralinen oder Fragebogen zum Hotel ein nächtlicher Denkanstoß auf dem Kissen erwartete.

Auch die riesige goldene Schrift fand ich toll ... komplett in Großbuchstaben und ohne jeden Fehler. Ich las das Zitat immer wieder, bis ich schließlich friedlich einschlummerte.

Dabei war mir natürlich klar, dass man diesen Spruch nicht speziell für mich dort liegen gelassen hatte. Es handelte sich um eine ganz allgemeine Textstelle, durch die sich jeder angesprochen und gerührt fühlen konnte.

Deshalb weiß ich auch nicht so genau, warum ich am nächsten Morgen unbedingt den Urheber des Kärtchens ausfindig machen wollte.

Ich erkundigte mich an der Rezeption, und nachdem dort ein Geldschein den Besitzer gewechselt hatte, kam ich schnell an die gewünschte Information. Das Zitat stammte vom Nachtportier, der etwa 65 Jahre alt war und ein glückliches Lächeln auf den Lippen trug.

Er erzählte mir, dass er bereits seit 30 Jahren Sätze auf Kopfkissen hinterließ. Jeden Tag ein Zitat von den ganz Großen ...

Außer am Sonntag, da erlaubte er sich, sich selbst zu zitieren. Er wurde rot, als er das sagte.

Als ich ihn nach dem Grund fragte, erklärte er mir, dass die Menschen in diesen stressigen Zeiten abends manchmal ohne jede Reflexion schlafen gingen. Und das sollte nicht so sein. Deshalb würde er etwas dagegen tun, solange er über dieses Hotel wachte.

Wieder errötete er. Er war offenbar nicht daran gewöhnt, über sich selbst zu reden, und noch viel weniger daran, dass man ihm auch zuhörte.

Der nächste Tag war ein Sonntag, und ich würde auch die Nacht zum Montag im Hotel verbringen. Gespannt wartete ich auf den Einbruch der Dunkelheit. Als ich abends in mein Zimmer zurückkehrte, freute ich mich schon darauf, das Zitat des Nachtportiers zu lesen. Und da lag es wirklich exakt in der Mitte des Kissens, in goldenen Lettern auf schwarzem Grund.

Nun hatte ich also den Sonntagsgedanken des Portiers vor mir, seine ganz persönlichen Überlegungen, die er hier im Hotel mit den ihm unbekannten Gästen teilte.

Ich überprüfte den Inhalt der Minibar – viele kleine Fläschchen, aber die immerhin wurden ja in Hotels meist genussvoll geleert – und beschloss, mir einen Gin Tonic zu gönnen. Ich griff ohne hinzusehen nach dem Kärtchen, und nahm es zusammen mit meinem Drink mit hinaus auf den kleinen Balkon. Als Nächstes holte ich mir eine Zigarette, rauchte sie, ohne den Qualm einzuatmen, und labte mich an der Lektüre.

Und wenn die, die sterben, eine Wahrheit entdeckt haben ... eine Wahrheit über Liebe, Freundschaft, über sich selbst ... und wir die Unwissenden sind?
Vielleicht ist das ja der Sinn des Lebens: Wir alle wissen unterschiedliche Dinge nicht, bis wir eines Tages verschwinden. Und dann erlaubt uns die Wahrheit, zu gehen. Könnte es nicht so sein?
5. November
A.

Als ich aus dem Hotel auszog, kam dieses Zitat mit. Am nächsten Morgen war A., der Portier, leider nicht da, aber ich hatte längst beschlossen, dass ich in dieses Hotel nur noch sonntags zurückkehren würde.

Ich weiß schon, dass dieser Satz nicht viel mit meinem Vater zu tun hatte, aber ausgerechnet am Morgen eines 5. November viele Jahre später war mein Vater sehr krank, und ich beschloss, mein Elternhaus zu besuchen.

Und dieses Zitat kam mit. Es war Freitag, als ich vom Auto aus das Haus unserer Familie und den See daneben wiedersah.

Ich kehrte nicht allein zurück ... und mein persönlicher Ballast wog dabei ganz schön schwer.

Sommerdüfte einatmen,
um den Winter zu überstehen

So kehrte ich also an den Ort zurück, an dem ich aufgewachsen war. Für mich verhieß die Rückkehr nach Hause allerdings nichts Gutes, und bei Veränderungen kommen ja immer widersprüchliche Gefühle hoch. Mir war das zwar nicht klar, aber ich sehnte mich in diesem Moment nach einem Gefühl, brauchte unbedingt eine Emotion. Allerdings wusste ich das noch nicht.

Es war kalt an jenem Morgen des 5. November, als ich an dem riesigen Haus ankam. Es gehörte Vaters Familie bereits seit vier Generationen, was übrigens auch der Staub in allen Zimmern bewies.

Dort hatte ich meine Kindheit verbracht, meine schönsten Jahre und auch die schlimmsten. Oder so ist es mir zumindest in Erinnerung geblieben ...

Als ich das Auto parkte, stand Vater draußen auf der Veranda, als hätte er mich erwartet.

Er behielt mich im Auge, während ich die Wagentür öffnete. Bis ich dann endlich einen Fuß auf diesen Boden setzte, verstrich jedoch einiges an Zeit. Ich war mir einfach nicht sicher, ob dieser Besuch wirklich eine gute Idee gewesen war. Deshalb hatte ich auch nichts mitgebracht, kein Gepäck, keine persönlichen Gegenstände; ich hatte meine ganze Welt hinter mir zurückgelassen.

All mein Besitz befand sich in einigen Kilometern Entfernung.

Ich wollte es von dieser ersten Begegnung abhängig machen, ob ich mein Versprechen, mich um meinen Vater zu kümmern, wirklich halten würde ... Vater beobachtete mich noch immer, wobei sich in seinem Gesicht keinerlei Emotionen spiegelten. Er schaute einfach nur von der Veranda her zu mir rüber.

Einen schlimmeren Empfang hätte ich mir kaum vorstellen können. Wahrscheinlich machte ihm meine Rückkehr auch keine Freude, aber er war sich vermutlich dessen bewusst, dass er mich brauchte.

Mein Vater war sehr krank, und das wusste er auch. Vermutlich akzeptierte er meine Rückkehr deshalb, weil sich nicht einmal die Todgeweihten nach Einsamkeit sehnen.

Die Krankenschwester, die ihn während der letzten Jahre gepflegt hatte, stand ein paar Schritte hinter ihm. Als ich nun einen Fuß auf seine Erde setzte, machte er einen kleinen Schritt nach hinten, und die Krankenschwester kam näher.

Zunächst einmal entschuldigte sie sich dafür, dass sie sich nicht länger um meinen Vater kümmern konnte. Sie musste gehen, weil ihre Familie sie brauchte.

Vermutlich fällt die Entscheidung nicht schwer, wenn man zwischen seinem eigen Fleisch und Blut und einem Wildfremden wählen muss. In meinem Fall war die Sache aber nicht so klar … Auf dem Weg vom Auto zur Veranda informierte mich die Schwester und gab mir Tipps – Namen von Medikamenten, Einnahmezeiten und ein kleines Heftchen, in dem sie alles notiert hatte.

Ich habe noch nie gut zwei Dinge gleichzeitig tun können, deswegen hörte ich kaum zu.

Und jetzt fiel es mir schon schwer genug, meinen Vater anzusehen. Er beobachtete mich weiterhin aus der Ferne, stand beinahe im Rahmen der Haustür, fast in ihrem Schatten.

Es kam mir so vor, als würde sein Gesicht immer mehr Erstaunen ausdrücken, je leiser die Stimme der Pflegerin wurde.

Als wir am Fuß der Verandatreppe ankamen, schien die Frau mir alles Wichtige gesagt zu haben. Deshalb trat sie jetzt ein paar Schritte zur Seite, um uns etwas Privatsphäre zu geben.

Ich war nur noch ein paar Meter von Vater entfernt, nicht mehr als die sechs Stufen, die zur Verandatür hinaufführten.

Und jetzt musste ich mit ihm reden … in Erfahrung bringen, was er von mir wollte und was ich ihm zu bieten hatte.

Ich hätte mich ihm schon lange stellen sollen.

Als ich die Treppe hinaufstieg, entfernte sich die Krankenschwester noch etwas weiter. Mein Vater schaute mich an, sagte aber nichts. Dann ging er in den ersten Stock hinauf, wo sich auch mein Zimmer befand, und ich folgte ihm.

Plötzlich erschien es mir bedeutsamer als erwartet, diese Treppe hinaufzusteigen, die früher mal Dreh- und Angelpunkt meiner kleinen Welt gewesen war.

Ich war doch aus diesem Haus fortgegangen, um Vater nie wiederzusehen, und vor allem, um es im Leben zu etwas zu bringen. Und beides war mir bis jetzt gelungen. Aber während all dieser Jahre hatte ich auch das Gefühl gehabt, dass mich meine persönlichen Ziele weit von meinen Wurzeln weggeführt hatten … so weit weg von diesem Zuhause.

Und zurückzukommen fand ich ganz schrecklich. Meiner Meinung nach ergab dieser Weg zurück keinen Sinn, und ich war ja auch nur hier, weil mir der Verlust eines Elternteils Worte in den Mund gelegt hatte.

Jede einzelne Stufe auf dem Weg in den ersten Stock stellte ein weiteres Argument gegen meine Entscheidung dar.

Und dann erreichte ich schließlich das Zimmer, das jahrelang meins gewesen war. Den Türknauf zierte meine Initiale, ein riesiges E, das ich vor Jahren mal in der Weihnachtszeit dort hineingeritzt hatte. Vater stand jetzt direkt daneben, aber nicht er drehte den Knauf, sondern ich selbst.

Als ich die Tür öffnete, erfüllte mich Melancholie, weil dem Zimmer immer noch der Geruch meiner Kindheit anhaftete. Ich fand es unglaublich, dass er nicht verflogen war. Mir kam es so vor, als sei der Raum hermetisch verriegelt worden, damit ich eines Tages hier ankommen, die Tür öffnen und den alten Duft wieder in mich aufnehmen konnte.

Ich kannte doch inzwischen zig Wohnungen, Hotels und Dachterrassen, aber so ein Geruch war mir seit meiner Kindheit nie wieder untergekommen.

Der musste wohl einzigartig sein ... wahrscheinlich war dazu das Zusammenspiel von jedem einzelnen Möbelstück, jedem Buch und Spielzeug nötig.

Selbst mit sechs oder sieben Gegenständen aus dem Zimmer hätte ich diesen Geruch so nirgendwo anders heraufbeschwören können. Tief sog ich diese ganz persönliche und magische Luft in mich ein.

Meine Frau hatte immer gesagt, dass man unwiederholbare Momente tief einatmen muss.

Sie sog Erinnerungen in sich auf.

Vor allem Sommerdüfte, die sie für den Winter aufbewahrte, wie sie mir erklärte.

Meine Frau mochte die Kälte nicht und erzählte mir, dass ein Teil ihres Gehirns sich an den Sommerdüften festhielt, um den Winter zu bekämpfen. Deshalb berührte sie mich immer im Nacken, wenn uns etwas Gutes passierte, und sagte: »Atme ein, tief einatmen!«

Wie sehr mir meine Frau fehlte. Sie war bei einem Autounfall ums Leben gekommen, während ich im Kino gesessen hatte. Ich hatte wie immer das Handy ausgemacht, um mal die Welt hinter mir zu lassen.

Als ich wieder rauskam, schaltete ich das Mobiltelefon ein und entdeckte 23 Anrufe in Abwesenheit. Natürlich befürchtete ich sofort das Schlimmste und wählte voller Angst die Nummer der Mailbox.

Leider wusste ich schon seit Jahren, dass der Tod ziemlich hartnäckig ist, wenn er sich erst einmal gemeldet hat.

Das Auto meiner Frau war gegen eine Leitplanke geknallt, dann quer über drei Fahrspuren geschleudert worden, gegen die Leitplanke auf der anderen Seite geprallt und wieder über die drei Fahrspuren geschlittert.

Jenen Straßenabschnitt kann ich seitdem nicht mehr befahren und mache die wildesten Umwege, um ihn zu vermeiden.

Damals hörte ich mehrere andere Nachrichten ab, bevor dann die entscheidende kam. Der Anrufer wollte keine Informationen preisgeben und nur persönlich mit mir sprechen.

Ich stand direkt im Eingang des Kinos, wo über mir Poster sechs Frühlingsfilme ankündigten. Um mich herum strömten Leute herbei, die auf der Suche nach Emotionen waren oder der Langeweile entfliehen wollten.

Für diese Jahreszeit hatte man die Klimaanlage des Kinos viel zu hoch eingestellt, deshalb war mein halber Körper völlig durchgefroren – die Hälfte, die sich noch im Gebäude befand.

Nach vier anderen Nachrichten ertönte dann diese neutrale Stimme, ganz ähnlich denjenigen, die einen sonst zum Wechsel des Handyanbieters überreden wollen: »Kommen

Sie bitte ins Hospital Miramar. Ihre Frau ist lebensgefähr-
lich verletzt. Sie hatte ...«

An dieser Stelle wurde die Nachricht unterbrochen, und
es erklang nur noch Stille.

Aber meine Welt war bereits explodiert, deshalb sank ich
in die Hocke, während die Angst über mich hinwegrollte.

Niemand schien sich zu fragen, was denn mit mir los
war. Der Schmerz anderer Menschen führt in der Öffentlichkeit wohl nur zu Befremden.

Keine Ahnung, wie lange ich reglos dahockte. Es war, als
ob mein Gehirn sich neu hochfahren würde, in der Hoffnung, dass in Wirklichkeit gar nichts passiert war. Irgendwann beschloss ich, mich in Gang zu setzen. Hier konnte
ich nicht bleiben, jetzt hieß es handeln. Darum griff ich
nach dem Handy und rief meine Frau an. Als Erstes musste
ich mich einfach bei ihr melden.

Denn vielleicht war ja alles gelogen. Ich hatte mal gehört, dass man im Internet leicht an die Daten von Menschen kommen konnte, die irgendwelche Eintrittskarten
online gekauft hatten. Dann riefen Kriminelle diese Leute
an und lockten sie mit einer erfundenen Geschichte an ein
Ende der Stadt, während sie ihnen am anderen Ende die
Wohnung ausräumten.

Ja, bestimmt war es so, versuchte ich mir selbst einzure-
den, obwohl das doch gar keinen Sinn ergab.

Nachdem ich gewählt hatte, klingelte das Telefon meiner Frau auch, was ich für ein gutes Zeichen hielt. Dreimal,
viermal. Aber sie ging nicht ran, also legte ich wieder auf.

Und dann erschien auf einmal eine unglaublich lange Nummer auf dem Display, genauso lang wie die der Anrufe in Abwesenheit. Die Ziffern schienen allerdings anders zu sein. Es klingelte drei- oder viermal, bis ich endlich ranging. Und dann hörte ich am anderen Ende jemanden atmen.

Nur das, dieses beschwerliche Atmen, aber ich wusste, dass es zu meiner Frau gehörte. Ihre Atmung hätte ich überall wiedererkannt. Ich hatte meine Frau voller Lust atmen hören, mit Husten und während einer Geburt. Ich hatte sie bereits bei so vielen Gelegenheiten atmen hören – an meiner Seite, durch Türen und Gegensprechanlagen hindurch, wenn sie mich anschrie oder »Ich liebe dich« sagte.

Und deshalb erkannte ich ihren Atem, auch wenn ich ihn so noch nie gehört hatte, im Augenblick des Erlöschens.

»Hallo, mein Schatz«, stieß meine Frau abgehackt hervor.

Und da wusste ich, dass es stimmte.

»Wo bist du? Wo bist du? Wo?«, fragte ich, während ich in Richtung Auto loslief.

In meiner Erinnerung kommt es mir so vor, als wäre ich seit meiner Kindheit nicht mehr mit solcher Verzweiflung gerannt. So dringend war schon seit vielen Jahren nichts mehr gewesen.

Und dann wusste ich plötzlich nicht mehr genau, wo ich überhaupt geparkt hatte. Weil ich oft in dieses Kino ging, wirbelte mein Gehirn plötzlich alle möglichen Parkplätze aus der Vergangenheit durcheinander.

»Du kommst nicht mehr rechtzeitig. Tut mir leid. Es tut mir so leid.« Und dann versagte ihr die Stimme. Ihre Atmung setzte aus.

Sofort ertönte dann eine neue Atmung, die ich nicht kannte, sie klang nach Krankenschwester oder Arzt. Diese andere Stimme wollte mir gern ihr Mitgefühl ausdrücken, aber das war jetzt nicht der richtige Moment. Deshalb legte ich einfach auf.

Sie war tot. Das konnte doch nicht sein. Und dann noch dieses »Tut mir leid«. Warum tat es ihr denn leid? Automatisch musste ich an die beiden Kleinen denken … sollte ich die heute abholen oder sie? Wer war an diesem Tag dran?

Ich wusste nicht, worauf sich dieses »Tut mir leid« bezog. Auf ihren Tod, auf den Unfall oder vielleicht darauf, dass sie mich mit den Mädchen allein ließ? Oder vielleicht auf etwas anderes, was ich zu befürchten begann – dass nämlich die Zwillinge bei ihr gewesen waren?

In diesem Moment, nach dem Erhalt dieser Nachricht vor dem Kino, beschloss ich, die Welt hinter mir zu lassen. Und wenn man sich erst einmal von ihr abgekapselt hat, kann man nicht so einfach zurück.

»Willst du hier bleiben?«, fragte Vater.

Er stand direkt hinter mir und hatte mich erschreckt, weil ich in Gedanken ganz woanders gewesen war. Ich verschluckte mich und begann zu husten. Bei Vaters unverwandtem Blick hatte ich plötzlich das Gefühl, dass er ganz genau wusste, woran ich gerade gedacht hatte.

Ich entließ die Luft wieder in ihren Lebensraum ... das Zimmer, das einst mein Kinderzimmer gewesen war.

Jetzt stand Vater nur noch ein paar Zentimeter von mir entfernt da. Das war ungewöhnlich für ihn, schließlich wahrte er sonst stets Distanz. Sein Geruch wurde immer stärker ... aber den atmete ich nicht ein, weil ich ihn nicht bewahren wollte.

»Willst du hier bleiben?«, fragte er noch einmal.

Mein Vater hatte sich noch nie klar und deutlich ausgedrückt. Deshalb durfte man sich nie darauf konzentrieren, was er sagte, sondern vielmehr auf das, was er eben nicht sagte. Bei seinen Fragen gab es immer einen Hintergedanken. Mein Vater war nie ein einfacher Mensch gewesen. Vielleicht liebte ich ihn deswegen nicht mehr.

»Das weiß ich noch nicht so genau. Wäre es dir woanders lieber?«, entgegnete ich deshalb.

Das Beste war, auf seine Fragen nie eine Antwort zu geben, sondern sie lieber zu umgehen. Man musste sie von weitem betrachten, sich vorsichtig herantasten.

»Wie du möchtest, du kannst dich auch gerne woanders einrichten. Aber entscheide dich bitte schnell und komm dann zu mir rüber, wir haben schließlich einiges zu tun.«

Dann schaute ich ihm hinterher, als er in sein Büro am Ende des Flurs ging. Sein Gang hatte mich immer fasziniert ... so gleichmäßig, schnell und behände.

Aber plötzlich ging er gar nicht mehr so wie früher, sondern ganz unsicher.

Es ist doch wirklich unglaublich, wie die Krankheit von deiner Gangart Besitz ergreifen und dir einen Teil deines Wesens rauben kann.

Auch wenn ich es gern verdrängen wollte, war mein Vater eben furchtbar krank. Selbst sein Sterben würde keine einfache Angelegenheit werden, er hatte nämlich mit gleich zwei schweren Problemen zu kämpfen. Seit Jahren litt er an Alzheimer, die Krankheit war aber nie voll ausgebrochen, weil Vater sich dem Leiden unermüdlich widersetzte. Ich glaube, er kämpfte so heftig gegen den Verlust seiner Erinnerungen an, dass die Erkrankung ihm kaum welche entrissen hatte.

Manchmal tat sie mir fast leid, weil sie es bestimmt noch nie mit einem so zähen Gegner zu tun gehabt hatte. Vaters unklare Fragen und seine sich im Kreis drehenden Unterhaltungen mussten dieses bescheuerte Leiden ja wohl in den Wahnsinn treiben.

Ich hegte keinen Zweifel daran, dass über jede einzelne Erinnerung lange verhandelt wurde, bevor sie dem Vergessen anheimfiel. Vater hatte mit der Krankheit bestimmt einen Pakt geschlossen oder spielte vielleicht um jede einzelne Erinnerung.

Es war nicht einfach, Vater zu besiegen. Mir ist es nie gelungen.

Aber manche Schlachten sind schon im Voraus verloren … und als mein Vater vor ein paar Jahren dann auch noch Krebs bekam, bedeutete das für ihn den Anfang vom Ende. Das waren dann doch zu viele Fronten auf einmal, und die Alzheimererkrankung nutzte die Gelegenheit.

An mich erinnerte Vater sich noch. Vielleicht deshalb, weil wir uns oft so fürchterlich in die Haare gekriegt hatten. Ich hatte ihm immer die Stirn bieten müssen und mich vor allem in der letzten Zeit vor meinem Auszug gegen seine Autorität aufgebäumt.

Jetzt ging ich den Flur entlang, ohne zu wissen, was denn nur so dringend war, was für eine Arbeit wir da zu erledigen hatten.

Aber es gab im Leben Unterhaltungen, die man einfach hinter sich bringen wollte, so schmerzhaft sie auch sein mochten. Und da saß Vater nun in seinem Büro. Beinahe hätte ich mich nicht getraut, die Türschwelle zu überschreiten.

In meiner Kindheit war diese Tür eigentlich fast immer fest verschlossen gewesen.

»Wenn sie zu ist, dann geht da nicht rein. Euer Vater braucht zum Arbeiten absolute Ruhe«, hatte Mutter uns vier Brüdern einst vor derselben Türschwelle zugeflüstert.

Ich glaube, während der ersten 14 Jahre meines Lebens öffnete sich diese Tür nicht ein einziges Mal für uns … Vater sprach ja kaum mit uns.

Seine Leidenschaft war eine andere: das Kino. Er liebte die Filme, Standbilder und Dialoge viel mehr als uns.

Deshalb habe ich mich immer für eine herausgeschnittene Szene gehalten, die er nie in seinem Werk haben wollte.

Er hatte mich zwar gedreht, aber dann habe ich ihm nicht gefallen. Und deshalb schien er mich immer wie eine schlecht erledigte Arbeit anzusehen.

»Komm rein. Setz dich«, sagte er, während er seine geradezu legendäre Pfeife anzündete.

Ich glaube, bis dahin hatte er mich noch nie in sein Arbeitszimmer gebeten.

Zum ersten Mal war ich direkt an der Quelle des Tabakgeruchs, der über dem ganzen Haus lag, ohne eine trennende Tür.

Weil ich wohl Angst hatte, dass sich mir diese Gelegenheit sonst nie wieder bieten würde, beschloss ich, seiner Aufforderung nachzukommen. Mit einer Mischung aus Respekt und Angst nahm ich auf dem Stuhl ihm gegenüber Platz.

Eigentlich hatte ich ja vermutet, dass Vater jetzt mit mir über seine Krankheit sprechen würde, über sein Ableben, vielleicht über Testament, Beerdigung oder Einäscherung. Womöglich wollte er mir auch nur die Verhaltensregeln hier im Haus darlegen, falls ich wirklich ein paar Tage bleiben und mich um ihn kümmern würde. Ich hatte mir auf dem Weg hierher für jede eventuelle Frage überlegt, was ich sagen würde, und deshalb für alles eine Antwort parat. Ich würde nicht sauer werden, mich nicht provozieren lassen. Das hatte ich mir fest vorgenommen.

»Es wird alles gut«, sagte ich deshalb in versöhnlichem Tonfall, noch bevor er den Mund aufmachte.

Er sah mich an und nickte.

Eigentlich wollte ich am Ende noch »Vater« hinzufügen, aber das wäre mir dann doch zu vertraulich vorgekommen.

Ich dachte daran zurück, wie ich mich vor zwei Tagen zur Fahrt hierher entschlossen hatte. Da hatten mir Menschen aus meiner Umgebung versichert, dass diese Reise zurück zu den Wurzeln mich verändern würde.

Diese Freunde hielten meine Heimkehr für eine tolle Gelegenheit. Sie fanden, dass ich sie nutzen müsste, um vielleicht endlich meinen Frieden mit Vater zu machen.

Aber dieser Meinung war ich nicht. Menschen waren ja so falsch. Ich vertraute schon seit einem Jahr niemandem mehr, weil mir nämlich etwas zugestoßen war und mir dann alle den Rücken gekehrt hatten … Gut, in den ersten Tagen waren sie schon für mich da gewesen, aber danach verschwanden dann alle. Jeder hatte irgendetwas zu tun, Ziele zu verfolgen, Freunde und Verwandte, mit denen er Zeit verbringen musste …

Es tat mir zwar leid, alles so schwarz zu sehen, aber so empfand ich es eben.

Ich hatte ja die Theorie, dass dir die Leute zwar Glück wünschten, dabei aber nicht wirklich auf Verbesserungen in deinem Leben, in der Liebe oder bei der Arbeit hofften. Es zogen doch vielmehr alle ihr eigenes Ding durch, bis auf vielleicht ein oder zwei Menschen in deinem Leben.

Alle anderen laberten doch nur, brachten Sätze vor, die mal irgendwer zu ihnen gesagt hatte oder die sie in einem Film gehört hatten. Aber diese Phrasen hatten doch nichts mit ihren wahren Gefühlen zu tun. Mir war schon klar, dass da zum Teil meine eigene Bitterkeit durchklang. Wenn man einen wichtigen Menschen verloren hatte, geriet die Welt eben aus den Fugen.

Trotzdem fragte ich mich, wie sich diese Freunde denn ein Urteil erlauben konnten. Wie konnten sie mir Ratschläge über das Wiedersehen mit meinem Vater geben, wenn sie die Geschichte meiner Familie und den Grund für meine Entfremdung von Vater gar nicht kannten?

Wie konnten sie sich nur ein Urteil anmaßen, wenn sie unser Umfeld, unsere Meinungsverschiedenheiten, unsere Familie nicht verstanden?

Seit einem Jahr vertraute ich meinen Mitmenschen einfach nicht mehr.

Alle hatten irgendwelche Hintergedanken. Sie suchten aus persönlichem Interesse die Nähe anderer oder rückten von ihnen ab.

Dass ich so empfand, machte mich wütend, weil ich damit dem alten Mann zu ähneln schien, der da pfeiferauchend vor mir saß.

Er traute auch niemandem über den Weg. Ich hatte nicht den Eindruck, dass er je irgendwem vertraut hatte. Aber sicher konnte ich mir da nicht sein, so gut kannte ich ihn nun auch wieder nicht.

Vielleicht bestand der größte Unterschied ja darin, dass ich an mein eigen Fleisch und Blut glaubte, an meine Töchter, meine Zwillinge.

Er hingegen warf alle in einen Topf, ob Familie oder nicht. Oder wie sollte man sonst verstehen, was vor Jahren passiert war?

Und während ich so dasaß und meinen Gedanken nachhing, schaute Vater mich an und sprach Worte, mit denen ich nun wirklich nicht gerechnet hatte: »Ich will einen Dreh ohne Probleme. Schauspieler, die wissen, was sie da tun; eine Crew, die Spaß an der Arbeit hat, und einen einzigen Drehort. Außerdem würde ich gerne nächsten Montag schon anfangen. Kannst du das organisieren?«

Diese Frage hatte ich nun wirklich nicht erwartet, deshalb hatte ich darauf auch keine Antwort.

Ich sah ihn an und musterte ihn genau, während ich zu verstehen versuchte, was er da meinte und ob er überhaupt mit *mir* sprach.

»Du bist der beste Regieassistent, das ist klar, deshalb brauche ich deine Hilfe. Ich vertraue dir.«

Ich war noch nie Regieassistent gewesen.

Er hatte noch nie meine Hilfe gebraucht.

Und er hatte mir auch noch nie vertraut.

Drei Lügen in einer einzigen Äußerung.

Das war nicht er, da spielte ihm die Alzheimerkrankheit einen Streich.

Er kam zu mir rüber.

Dann legte er mir die Hand auf die Schulter und sagte: »Morgen ist Samstag, lass uns da den Drehort suchen. Stell mein übliches Team zusammen und organisier uns ein Auto. Wir treffen uns morgen früh um acht am See. Bei der Arbeit erwarte ich Pünktlichkeit, Professionalität und Intelligenz, Lösungen und Respekt. Kann ich das von dir erwarten?«

Einen Moment herrschte Stille, und seine Hand lag schwer auf meiner Schulter, während er mich ansah. Es dauerte, bis ich ein Wort herausbekam. Aber dann sagte ich schließlich: »Ja, Sie können auf mich zählen. Keine Sorge, ich werde um acht Uhr dort sein.«

Keine Ahnung, warum ich mitspielte. Ich weiß nicht, warum ich mich darauf einließ, aber er drückte mir nur die Schulter und wandte sich dann ab. Ich glaube, so viel Körperkontakt hatten wir noch nie zuvor gehabt, und es schien sogar fast ein wenig Zärtlichkeit in der Geste gelegen zu haben.

Mir war die Berührung unangenehm gewesen, zugleich hatte sie jedoch so etwas wie Glück in mir ausgelöst.

Wahrscheinlich hatte ich deshalb beschlossen, mich auf Vaters Spiel einzulassen. Vielleicht brauchte ich das ja.

Geschlossene Fäuste,
voll von offenem Lächeln

Da war ich nun also in Vaters Büro, umgeben von seinem Pfeifenrauch und dem Echo seiner Berührung.

Aber bevor ich jetzt weitermache, will ich mit euch noch einen anderen Ausflug in die Vergangenheit unternehmen. Ich muss euch noch Mutter vorstellen.

Auch der Geruch von Mutter haftete diesem Raum weiterhin an ... war dort so gegenwärtig wie ihr Porträt, das der kleinere meiner Zwillingsbrüder gemalt hatte. Die Signatur war mit der Zeit verblasst, so dass man sie kaum noch erkennen konnte. Es musste ganz schön schmerzhaft sein, auf diese Art von seinem eigenen Bild vertrieben zu werden.

Mutter starb in dem Jahr, in dem ich ausgezogen war. Und ihr Tod war das Einzige, was mich dazu veranlasst hatte, jetzt zurückzukommen.

Ihr könnt euch vermutlich gar nicht vorstellen, warum ich mich auf das Spielchen dieses sterbenden alten Mannes einließ, wenn ich euch nicht erkläre, welche Rolle Mutter in meinem Leben gespielt hat.

Mutter starb im Sommer, in einem unglaublich heißen Sommer, an einem 5. August.

Ich denke ja, dass es der heißeste Sommertag aller Zeiten war ... Zumindest habe ich es so empfunden, und da kann mir nun wirklich niemand widersprechen.

Vielleicht sind für so bedeutsame Tage ja extreme Temperaturen nötig.

Allerdings ist Mutter nicht nur an jenem Augusttag gestorben, sondern vorher schon das gesamte Jahr lang.

So kam es meinen Brüdern und mir wenigstens vor.

Während dieses langen Jahres durfte sie eigentlich nie jemand stören, keiner durfte laut rufen oder in ihrer Nähe lachen.

Diese Regeln hatte nicht Mutter aufgestellt, sondern Vater, und sie widersprachen dem Wesen eines 15-Jährigen völlig.

Aber wir hielten uns daran ... riefen nicht laut, lachten nicht und störten Mutter nicht.

Um sie herum breitete sich deshalb Stille aus, obwohl sie selbst uns immer erlaubte, gegen diese albernen Gesetze zu verstoßen.

Wir durften Mutter sehen, wann immer wir wollten, und ich besuchte sie stets gerne in ihrem Zimmer. Das ging hinten zum See raus.

Mutter lächelte, wenn ich hereinkam. Lächeln war schließlich nicht verboten.

Ich hingegen war beim Betreten ihres Zimmers immer ernst.

Der abgedunkelte Raum und der Geruch nach Medikamenten ließen mich automatisch ernst werden. Und ich
weiß noch, dass sie nur noch mehr lächelte, wenn sie mich
so sah.

Sobald ich mich aufs Bett setzte, fragte sie: »Hast du
etwa dein Lächeln verloren? Ich hab hier noch eins …«

Sie zeigte mir ihre zur Faust geballte Hand.

»Wenn du willst, schenke ich es dir … Ich mache die
Hand auf, damit du es einfangen kannst.«

Dann öffnete sie die Faust, und ich musste lächeln. Das
war ganz automatisch …

Aber ich hörte damit schnell auf, deshalb fing sie wieder
an: »Ich hab ja noch eine Hand, und das Lächeln, das sich
darin versteckt, geht von Ohr zu Ohr … Willst du das vielleicht?«

Wieder machte sie die Hand auf, und ich strahlte von
Ohr zu Ohr. Dieser Trick funktionierte jedes Mal, sie hatte
immer genug Lächeln parat.

Dann streckte ich mich neben ihr auf dem Bett aus, und
wir redeten stundenlang.

Fragt mich nicht, worüber, das weiß ich nämlich nicht
mehr. Aber zwischen uns herrschte nie Schweigen, bei ihr
konnte ich den Mund nicht halten, und sie entlockte mir zu
allem eine Meinung. Schließlich war sie die lebensfrohste
Person, die ich je gekannt habe.

Später bin ich oft Menschen begegnet, die zwar reden,
aber gar nicht empfinden, was sie da sagen. Dann verliere
ich augenblicklich das Interesse.

Das ist mir bei Mutter nie passiert.

»Sie bleiben also?«

Die Krankenschwester unterbrach meine Erinnerungen, so dass ich nun den Blick von Mutters Porträt abwandte.

»Bleiben Sie gleich da?«

Nein, das konnte ich nicht, es ging einfach nicht.

»Wie lange könnten Sie denn noch hierbleiben und sich um ihn kümmern?«, entgegnete ich daher.

»Bis morgen Nachmittag. Am Montag muss ich bei meiner Familie sein.«

»Meine Familie.« Diese Wortverbindung gab es für mich nicht, und das »meiner« hallte bedeutungsvoll wider. Ich wusste nicht, was ich tun sollte. Sollte ich wirklich die Verantwortung für Vater übernehmen?

Wenn sich mein Vater mit mir zusammen hier im Büro hingesetzt und mit mir über seine Krankheit gesprochen hätte, über seine Ängste und darüber, wie sehr er meine Hilfe brauchte, dann wäre mir die Entscheidung wohl leichter gefallen.

Ich hätte ihm nicht geholfen … hätte Gründe dafür gefunden, sie ihm dargelegt und ihm Geld für neues Pflegepersonal angeboten. Aber dieser Mann hier war nicht mehr mein Vater. Deshalb hatte ich keine Ahnung, was ich jetzt machen sollte.

»Ich komme morgen wieder …«

Und dann ging ich, oder floh eigentlich eher. Und ich glaube, das merkte die Krankenschwester auch. Aber in diesem Moment konnte ich einfach nicht anders.

Als ich mich ins Auto setzte, atmete ich erst einmal tief durch. Mein Herz begann zu rasen.

Vaters Gegenwart schüchterte mich also immer noch ein.

Die Lunge kitzeln

Ich machte mich auf den Rückweg zu dem Haus, in dem sich mein ganzer Besitz befand und alles, was mir wichtig war. Unterwegs hielt ich mehrmals an, um alleine zu essen und spazieren zu gehen, weil ich erst einmal über das nachdenken musste, was ich in diesem Arbeitszimmer gehört hatte.

Alles, was ich auf dieser Welt hatte, befand sich bei der Frau meines Bruders. Deren Haus war seit jeher neutrales Terrain gewesen.

Und sie, die Frau meines Bruders, hatte mir immer gefallen. Sie strahlte so einen Frieden aus. Als ich sie gefragt hatte, ob ich wegen des Besuchs bei meinem Vater bei ihr übernachten könnte, hatte sie nichts dagegen gehabt.

Inzwischen lebte sie mit ihrem Hund allein, aber dieses Haus war weiterhin neutrales Terrain, genau wie zu Lebzeiten meines Bruders. Ich habe immer gedacht, dass wohl sie es war, die diesem Ort solche Ruhe verlieh.

Es freute mich, dass sie nicht ganz allein war. Byron kümmerte sich gut um sie. Ich erinnere mich noch daran, wie er einst als Welpe ankam, dieser Hund, von dem sie seit Kindertagen geträumt hatte.

Am Abend vor ihrer Hochzeit tanzte ich mit meiner zukünftigen Schwägerin. Es war ein seltsamer Tanz, bei dem es zwischen uns eine beinahe magische Verbindung gab. Und dabei erzählte sie mir dann von ihrer Liebe zu Hunden und ihrem Wunsch, sich einen zuzulegen.

»Wünschst du dir schnell Kinder?«, fragte ich sie.

Sie tanzte ziemlich lange weiter, bevor sie darauf reagierte. Und dann flüsterte sie mir die kurze Antwort zu.

»Vorher hätte ich gerne einen Hund … als Kind durfte ich nie einen haben.«

Sie wünschte sich den Hund, weil man es ihr früher nicht erlaubt hatte. Kindheitstraumata …

Ich habe ja immer geglaubt, dass wir uns daraus zusammensetzen, aus Kindheitstraumata. Deinen Charakter macht all das aus: was man dir verboten und nicht gegeben hat, was du akzeptieren musstest und was dir genommen wurde.

Sie sehnte sich eben nach einem Hund. Und an dem Tag, an dem sie ihn dann bekam oder vielmehr vorfand, da verschwand das Trauma einfach.

Ich erinnere mich noch an jenen Moment vor sieben Jahren.

Sie ging wie jeden Tag frühmorgens raus, um die Post zu holen. Da erklang aus dem Briefkasten Gebell, und als sie ihn aufmachte, entdeckte sie darin einen kleinen Foxterrier. Weil er die ganzen Umschläge abgeleckt hatte, klebte ihm eine Briefmarke zwischen den Augen. Er sah aus, als hätte man ihn per Einschreiben geschickt.

Die Frau meines Bruders stieß einen unglaublichen Freudenschrei aus. Mit solcher Begeisterung hatte ich schon lange niemanden mehr schreien hören, und ich trage diesen Laut noch heute in mir.

Es gibt im Leben kaum noch Überraschungen, wahrscheinlich reagieren wir deshalb auch nur selten mit wahren Emotionen. Und vermutlich fasziniert es uns daher so sehr, wenn wir dann doch mal so eine Reaktion mitbekommen.

Ich habe der Frau meines Bruders nie erzählt, dass ich ihr diesen Hund geschenkt habe ... niemals. Sie geht davon aus, dass er irgendwo weggelaufen ist und sich dann im Briefkasten verkrochen hat, um sich vor der Kälte zu schützen.

Die beiden hatten sofort einen guten Draht zueinander. Bei der Briefmarke, die dem Welpen zwischen den Augen klebte, handelte es sich um eine Sonderausgabe aus einer Reihe mit großen Persönlichkeiten, in diesem Fall mit Lord Byron.

Und deshalb wusste sie auch sofort, wie sie ihn nennen würde: Byron ... »Byron!«, rief sie zwei-, dreimal. Und der Foxterrier bellte, als wäre das sein Name ...

Als ich sie damals anschaute, überkam mich wieder diese seltsame Empfindung, die uns verband. Ich weiß nicht, warum es zwischen uns diese merkwürdige Magie gab. Es war nicht direkt körperliche Anziehung. Wir hatten uns nie geküsst, begehrten einander nicht. Und wir sprachen auch nie über besonders wichtige Dinge.

Manchmal denke ich, dass sie den ganzen Hass zwischen meinem Bruder und mir verwandelt hat. Wenn sie in der Nähe war, konnte ich mit meinem Bruder zusammen sein, ohne ihn zu hassen. Sie war wie ein Katalysator positiver Energie.

Ja, so war sie, die Frau meines Bruders – weil sie eine Eigenschaft besaß, die ich schon vor Jahren verloren hatte … eine Mischung aus Schlichtheit und Demut. So, wie sie ihren Mitmenschen zuhörte, fühlte man sich bei ihr einfach wohl, und sie schien niemals etwas von den anderen zu erwarten. Bei ihr hatte man nicht den Eindruck, dass sie je einer unerreichbaren Fantasie hinterherjagen würde.

Mein Bruder hatte wirklich Glück mit ihr gehabt. Wie schade, dass der Tod ihn so früh geholt hat … Sie kam über seinen Verlust so hinweg, wie sie im Leben alles anpackte: mit unglaublicher Gemütsruhe.

Nur bei der Beerdigung wirkte sie auf mich völlig verloren.

An jenem Tag wich ihr Byron nicht von der Seite. Wenn er spürte, dass sie sich von ihm entfernen wollte, leckte er ihr die linke Hand. Und er bellte, wenn sich ihr Leute näherten oder ihr zu lange ihr Beileid ausdrückten.

Ich fand keine Worte, als ich vor ihr stand, deshalb spielte ich schließlich mit dem Hund.

Was hätte ich auch sagen sollen? Ich wusste damals noch nicht, wie es ist, wenn man seinen Partner verliert.

Aus diesem Grund fürchtete ich, dass jede Beileidsbekundung von meiner Seite irgendwie falsch klingen musste. Damals hätte ich ja nie gedacht, dass ich zwei Jahre später selbst meine Frau verlieren, mich der Tod auf dieselbe Art und Weise erschüttern würde.

Dann kam auch die Frau meines Bruders zur Totenwache in die Leichenhalle, wo der Körper meiner Frau ruhte, fast 200 Kilometer von dem Friedhof entfernt, auf dem ihr Mann, mein Bruder, begraben war. Trotzdem waren die Gefühle von Frustration und Schmerz ganz ähnlich. Und auch ich stellte mir immer wieder die quälende Frage nach dem Warum.

Vom Friedhof ihres Mannes aus sah man weit und breit nur Felder und Wälder. Diese Leichenhalle lag jedoch an einer Straße, auf der ohne Unterlass Autos vorbeirasten.

Schnell fuhren die Menschen in beide Richtungen davon.

Der leblose Körper meiner Frau war ein viel zu schmerzhafter Anblick, die verbeisausenden Autos entspannten mich hingegen. Darum stand ich fast die ganze Zeit auf jener großen Aussichtsplattform mit Blick auf die Straße, und die Trauergäste mussten zu mir herauskommen, um mir ihr Beileid auszusprechen. Weil der Verkehr so laut im Hintergrund rauschte, blieben sie nicht lange. Und da meine Frau bei einem Autounfall ums Leben gekommen war, hatte der Anblick der Straße auch etwas Schockierendes, Erschütterndes an sich.

Als die Frau meines Bruders kam, sagte sie nichts. Ihr ging es wie mir zuvor, nur dass es bei mir keinen Hund zum Spielen gab.

Als Einzige bot sie mir an, sich um die Zwillinge zu kümmern, solange es nötig war. Alle anderen hatten zwar gesagt: »Sag einfach Bescheid, wenn du etwas brauchst.« Aber das waren bloß leere Worte, in Wirklichkeit bot mir niemand seinen Beistand an .... Alles nur leere Worte.

Die Frau meines Bruders hingegen schlug mir etwas vor, womit mir wirklich geholfen war, deshalb nahm ich sofort an.

Den ersten Monat ohne meine Frau verbrachte ich betrunken ... und hatte dabei überhaupt kein schlechtes Gewissen.

Die Zwillinge waren gut versorgt, und ich musste mich jetzt einfach gehen lassen.

Außerdem wusste ich ja, dass die Frau meines Bruders ihnen unbezahlbare Werte vermitteln würde.

Im zweiten Monat holte ich die beiden zu mir zurück. Aber ich brachte sie alle zwei oder drei Monate wieder für ein paar Wochen bei der Frau meines Bruders vorbei. Jedes Mal, wenn mir alles über den Kopf wuchs und der Schmerz unerträglich wurde. Und das kam ziemlich oft vor.

Sie war neutrales Terrain, bei ihr fühlte ich mich wohl. Weil sie mir nie Fragen stellte, Standpauken hielt oder Erklärungen abverlangte.

Über meine Brüder sprachen wir nie, auch wenn sie wusste, dass da zwischen uns irgendetwas vorgefallen war.

Aber sie fragte nie, welches Problem uns entzweit hatte, mich, ihren Mann und meine anderen Brüder.

Vermutlich wusste sie einfach, dass wir eine kaputte Familie waren und da niemand von außerhalb helfen konnte.

Vielleicht hatte ich sie deshalb darum gebeten, bei ihr unterkommen zu dürfen, bevor ich mich auf den Weg zu Vater machte. Aber es war leider nicht so gelaufen, wie ich mir das vorgestellt hatte.

Jetzt kehrte ich zu ihr zurück und musste mir eingestehen, dass das, was ich erwartet hatte, nicht eingetreten war. Als ich das Haus meiner Schwägerin erreichte, kam Byron heraus und leckte mir die Hand, so als hätte er meinen Gemütszustand gleich erkannt.

Von diesem Hund ging unendlich viel Liebe aus, vermischt mit ewigem Respekt. Vermutlich wusste er noch genau, dass ich ihn damals in den Briefkasten gesetzt hatte.

Die Frau meines Bruders spielte draußen im Garten mit den Zwillingen, die kreischend in verschiedene Richtungen davonliefen.

Die schwierige Kunst des Laufens hatten sie erst vor ein paar Monaten erlernt und erprobten sie jetzt ständig.

Mit den Jahren vergessen wir das alles, wir sind an diese Fähigkeit so gewöhnt, dass wir ihre Magie überhaupt nicht mehr wahrnehmen. Wie absurd wir doch sind …

Mein Eintreffen machte auf die Zwillinge keinen großen Eindruck. Meine Abwesenheit allerdings auch nicht.

Die Frau meines Bruders blickte mich aufmerksam an. Vermutlich fiel ihr gleich auf, dass meine heitere Miene in Wirklichkeit ziemlich gequält wirkte. Sie merkte eben immer alles ...

»Ist es nicht gut gelaufen?«

»Er glaubt, dass er einen Film drehen wird«, antwortete ich.

Als sie darauf nichts erwiderte, ahnte ich schon, dass sie wohl im Bilde war. Schließlich besuchte sie meinen Vater ja auch von Zeit zu Zeit.

»Wusstest du das etwa?«

Sie lächelte, beschäftigte sich aber weiterhin mit den Zwillingen.

»Vor ein paar Tagen hatte ich bei ihm ein Casting für die Hauptrolle. Das war wirklich schön«, sagte sie. Ihr Tonfall verriet, dass sie all dem keine besondere Bedeutung beimaß.

»Schön?«

»Ja, er hat mich gebeten, ihm von mir zu erzählen, davon, warum ich die Rolle gern haben möchte.« Sie verstummte kurz. »So aufmerksam hat er mir noch nie zuvor zugehört.«

»Warum hast du das mir gegenüber denn nicht erwähnt?«, wollte ich wissen.

Sie erwiderte nichts und spielte einfach nur weiter mit den Zwillingen. Die Antwort war ja ganz offensichtlich. Vermutlich hatte sie gewollt, dass ich ihm unvoreingenommen gegenübertrat.

Als ich mich ein Stück entfernt auf den Rasen setzte, ließ sich Byron ganz in meiner Nähe nieder. Wohl um mich aufzumuntern, leckte er mir übers Gesicht.

Die Zwillinge stritten sich inzwischen um einen Clown, der schon viel zu lange unter ihnen gelitten hatte. Irgendjemand sollte ihn wirklich in Rente schicken, das hätte er sich redlich verdient.

Nach einer Weile kam die Frau meines Bruders zu uns rüber.

»Warst du auch beim Casting?«

»Er glaubt, dass ich der Regieassistent für seinen letzten Film bin.«

Sie lachte, und ich dann auch. Das alles war ganz schön absurd.

»Das klingt doch wie ein wichtiger Job, oder?«, fragte sie.

»Ja, so klingt es wohl.«

»Was macht denn so ein Assistent?«, erkundigte sie sich.

Aber das war mir ja selbst nicht ganz klar. Die Arbeit meines Vaters hatte mich eigentlich nie groß interessiert.

»Wahrscheinlich hilft er ... hilft er ihm. Und das konnte ich schließlich noch nie besonders gut.«

Eine Weile herrschte Schweigen.

»Sofort wohnt hier ganz in der Nähe, nur drei Straßen weiter«, sagte sie jetzt ohne allzu viel Nachdruck.

Sofort war bei allen Filmen meines Vaters sein Assistent gewesen. Den Namen hatten wir Brüder ihm als Kinder verpasst, weil er Vater jeden Wunsch von den Augen abgelesen und auf jede Anweisung mit »Sofort!« geantwortet hatte.

Inzwischen musste er wohl an die 90 sein. Ich hatte Sofort immer gemocht. Immerhin hatte er uns gegenüber dieselbe Hingabe gezeigt wie für unseren Vater. Wenn wir ihn um einen Gefallen gebeten hatten oder um Sammelbildchen, Murmeln oder etwas zu trinken, hatte die Antwort stets gehorsam »Sofort!« gelautet.

Sein »Sofort!« klang allerdings nicht gleich, je nach Ort, Zeit und Umständen hatte es tausend verschiedene Aussprachen und Nuancen.

Sofort war so dünn, dass man in seinem Gesicht jeden einzelnen Knochen erkennen konnte. Er war ein ziemlich ernster Typ und hatte als stetigen Begleiter immer sein Asthmaspray dabei, das er regelmäßig alle 15 Minuten benutzte. Mir war nie wirklich klar, wer von den beiden da eigentlich wem Leben schenkte …

Als ich klein war, dachte ich immer, dass Sofort zusätzliche Energie brauchte, um all seine Aufgaben zu erledigen. Und diese Energie vermutete ich im Inhalator, in dem ich so etwas wie Soforts Herz sah … oder seine Seele.

Sowas dachte ich, als ich klein war. Später sind diese Ideen dann verflogen. Der Tod meiner Mutter hat sie mir entrissen.

Ich weiß noch, dass ich dem Regieassistenten mal sein Spray stibitzt habe. Ich wollte auch so viel Energie haben wie er und so atmen wie alle anderen Kinder. Keine Ahnung, ob ich damit erreichen wollte, dass Vater mich liebte;

ob ich meinen Mangel beheben oder so effizient wie Sofort sein wollte.

Auf jeden Fall hab ich dann sieben- oder achtmal mit dem Ding eingeatmet und bin deshalb im Krankenhaus gelandet. Aber Sofort hat es Vater nie verraten.

Ich weiß noch, dass er nur zu mir gesagt hat: »Deinen Inhalator hast du doch überall mit dabei. Nutz ihn, wenn du ihn brauchst.« Damals wusste ich nicht, was er damit sagen wollte. Nach dem Tod meiner Frau ist mir dieser Satz jedoch wieder in den Sinn gekommen, und jetzt atme ich oft schnell und kräftig ein, so wie er es mir geraten hat. Manche Probleme können vielleicht nicht gelöst werden … aber wenigstens verdünnt.

Es war nicht das erste Mal, dass mich Sofort ins Krankenhaus begleitete. Er war auch bei meiner letzten Operation mit dabei. An dem Tag war Mutter bereits krank, und Vater … Vater hat vermutlich einen seiner Filme gedreht.

Ich nehme mal an, dass Vater seinen Assistenten als meinen Begleiter abkommandiert hat. Sofort hatte seine übliche Antwort gegeben und saß jetzt bei mir im Zimmer.

Das hab ich euch noch gar nicht erzählt, aber ich hatte als Kind eine Trichterbrust. Es handelte sich dabei um einen Geburtsfehler, mein Oberkörper wölbte sich nach innen, als wollte er sich verstecken. Die Delle in meinem Brustkorb war mehrere Finger tief.

Damals konnte man das noch nicht operativ korrigieren, sondern nur abmildern. Wenn meine Brust erneut stark eingefallen war, dann mussten die Ärzte sie ein bisschen ausbeulen, damit sie mir nicht die Lunge zerquetschte. Darum wurde ich von Zeit zu Zeit operiert, und man drückte den Brustkorb wieder nach außen.

Ich glaube, ich lag deshalb Dutzende Male unter dem Messer.

An dem Tag, an dem Sofort bei mir im Krankenhaus war, stand meine letzte Operation an. Es gab nämlich eine neue Technik: Man würde mir den Brustkorb öffnen, oberhalb der Lunge einen Metallbügel einsetzen und mich wieder zunähen. Zwar würde ich immer noch diese Delle haben, in die man zwei Finger legen konnte, aber ich würde mir nie wieder Sorgen über eine eingefallene Brust machen müssen.

In diesem heißen Sommer würden also meine Probleme endlich ein Ende haben. Wie immer verzögerte sich jedoch alles, und wir mussten bis zu meiner Operation noch ein paar Stunden warten. Dabei war es so heiß, dass ich den ganzen Schlafanzug durchschwitzte.

Am liebsten hätte ich das Oberteil ja ausgezogen, aber diese Delle in meiner Brust, mein Defekt, war mir furchtbar peinlich. Deshalb machte ich in der Öffentlichkeit nie den Oberkörper frei. Selbst im Schwimmbad oder am Meer ließ ich das T-Shirt an, stellt euch das mal vor.

Vermutlich kannte Sofort meine Angst, der schien ja einfach alles zu wissen.

Während wir so vor uns hin schwitzten, sagten wir kein Wort. Wir hatten uns nicht viel zu sagen.

Sofort saß weder besonders weit weg noch besonders nah bei mir, selbst mit solchen Details war er äußerst umsichtig.

Während die Stunden langsam verstrichen, wurde die Hitze in diesem kleinen geschlossenen Raum immer unerträglicher. Sofort schwitzte, und ich auch.

»Stört es dich, wenn ich …?«, fragte er und deutete auf sein völlig durchweichtes Hemd.

Als ich den Kopf schüttelte, knöpfte Sofort sein Hemd auf und zeigte, dass sein Oberkörper genauso knochig war wie sein Gesicht.

Er betrachtete meinen Schlafanzug, der ebenso durchnässt war wie sein Hemd.

»Mir macht es auch nichts aus, also, wenn du …«

Dass es ihn nicht stören würde, hatte ich mir schon gedacht, aber mir fiel es einfach furchtbar schwer, meinen Körper zu zeigen. Die Brust mit dieser absurden Delle in der Mitte war mir so unendlich peinlich.

»Ich hab mal einen Western gedreht«, begann Sofort nun zu erzählen. »Der Regisseur war nicht besonders, aber es gab zwei, drei wirklich beeindruckende Szenen …«

Ich hatte keine Ahnung, worauf er mit dieser Geschichte hinauswollte.

»Am besten fand ich die, in der die Hauptfigur erschossen wird. Die Kugel landet genau hier …«

Er deutete auf den Bereich der Brust, der bei mir eingefallen war. Bestimmt hatte er meine Fehlbildung irgendwann mal aus der Nähe gesehen, wenn er die Stelle so genau kannte.

»Ich weiß noch, dass der Regisseur zeigen wollte, wie die Kugel eintritt. Das war eine ziemlich schwierige Einstellung. Also haben wir ein Modell von der Brust des Hauptdarstellers angefertigt, mit dem Einschussloch der Kugel. Und danach haben wir die Szene dann aus der falschen Brust heraus gefilmt.«

Immer wieder zeigte Sofort auf die Stelle, an der sie das gedreht hatten. Mit seinen knochigen Händen deutete er eine Kamera an. Ich wusste nicht so genau, warum er mir all das erzählte, aber er berichtete darüber mit solcher Leidenschaft ...

»Weißt du, was der Schauspieler gesagt hat, als wir ihm für die Erschießungsszene die falsche Brust angelegt haben?«

Ich schüttelte den Kopf.

»Dass er seine Seele berühren konnte, wenn er den Finger in das Einschussloch steckte ... seine eigene Seele.« Sofort lächelte und sah mich an. »Du hast Glück, du kannst deine Seele auch ohne Brustattrappe jeden Tag berühren. Darum beneide ich dich wirklich.«

Ich wusste schon, was er da vorhatte. Sofort war gut in fast allem, was er sich vornahm.

Als er mich anschaute, war klar, was er von mir erwartete.

Ich brauchte dafür fast eine halbe Stunde, aber am Ende öffnete ich dann die ersten Knöpfe meines Schlafanzugoberteils. Der Rand der Delle, dieses Tunnels zu meiner Seele, wurde sichtbar, und das war für mich schon eine echte Leistung, wirklich eine Heldentat.

Sofort sagte sonst nicht mehr viel. Er schaute mich nur stolz an. Wenn mich doch nur mein Vater mal so angesehen hätte! Als Sofort später aus dem Zimmer ging, schob ich meine Finger in jenen Defekt meines Brustkorbs, der mich so hemmte. Ich will jetzt nicht behaupten, dass ich da meine Seele berühren konnte, aber es kam mir schon vor, als könnte ich meine Lunge kitzeln.

Und die Operation verlief erfolgreich. Meine Brust ist seitdem nie wieder eingefallen, auch wenn die Fehlbildung weiterhin besteht.

Ich gehe auch fast immer noch jeden Tag mit einem bis obenhin zugeknöpften Hemd durch die Straßen. Manchmal bin ich jedoch so mutig und öffne den obersten Knopf. Und an ganz übermütigen Tagen sogar zwei.

Seit dem Tod meiner Frau allerdings hat es weder mutige noch übermütige Tage gegeben …

Die Frau meines Bruders berührte mich sanft im Nacken. Ich glaube, sie hatte mitbekommen, dass ich in Gedanken ganz weit weg war. Aber sie fragte nicht, wo.

Dann fingen die Zwillinge zu weinen an, weil sie den Clown in zwei Stücke gerissen hatten. Das hatte ich ja schon kommen sehen.

Das Verständnis der Frau meines Bruders tat mir gut, also öffnete ich einen Hemdknopf. Byron leckte mir das linke Ohr, so als wollte er diese kleine Heldentat belohnen.

»Soll ich dir erklären, wie du zu Sofort kommst?«, fragte sie nun und holte mich damit endgültig in die Gegenwart zurück.

Ich nickte und machte mich kurz darauf auch schon auf den Weg. Es würde ein harter Winter werden, draußen war es schon ganz schön kalt. Trotzdem machte ich unterwegs noch zwei weitere Hemdknöpfe auf, das war ich ihm schuldig … das war ich Sofort schuldig.

Ticks, die wir verschieben,
damit sie uns nicht kontrollieren

Dieser Ort war einfach riesig, und alles lag furchtbar weit auseinander. Deshalb brauchte ich für die drei Straßen vom Haus meiner Schwägerin bis zu Sofort fast 20 Minuten.

Byron begleitete mich. Im Hintergrund hörte ich immer noch das Weinen der Zwillinge, das vom Wind herübergetragen wurde. Aber ich wusste, dass aus diesem Weinen ohne Tränen schnell wieder ein Lachen werden würde. Ich fand es einfach toll, wie schnell Kinder von einem Stimmungsextrem zum anderen wechseln konnten.

Als ich beim beschriebenen Haus ankam, wartete an der Tür schon Sofort auf mich, der offenbar selbst Überraschungsbesuchen zuvorkam.

Während er mich auf den letzten Metern betrachtete, hoffte ich nur, dass er mich nicht vergessen hatte.

Das Alter stand ihm nicht schlecht, und er hielt immer noch sein Asthmaspray in der linken Hand, das er jetzt einmal zum Mund führte.

Bevor ich ihn erreichte, bildete er mit Daumen und Zeigefinger eine Pistole und schoss auf mich. Ich mimte den Getroffenen. Er erinnerte sich also nach all den Jahren noch an mich …

So überschwänglich war er mir gegenüber bisher noch nie gewesen. Als er mir die Hand reichte, war sie knochig, aber wie hätte es auch anders sein können?

»Alles in Ordnung?«, fragte er.

»Ja, alles in Ordnung, Sofort.« Sein Spitzname war mir einfach so rausgerutscht.

Der alte Regieassistent brach in Gelächter aus, als ich rot anlief. Obwohl ihm den wohl nie jemand ins Gesicht gesagt hatte, kannte er seinen Beinamen bestimmt längst.

»Tut mir leid.«

Dass in diesem Moment Byron zu bellen anfing, machte den Moment noch peinlicher für mich. Schnell streichelte ich ihn, um ihn zu beruhigen.

»Mich hat das nie gestört. Natürlich hat mich niemand direkt so genannt, aber ich fand diesen Spitznamen immer sehr passend. Den habt ihr Brüder euch für mich ausgedacht, oder?«

Ich nickte.

»Verständlich.« Er lächelte. »Wir vom Team hatten auch einen Spitznamen für deinen Vater …«

Er flüsterte ihn mir ins Ohr, so als wollte er ihn eigentlich gar nicht aussprechen, aber ich musste ihn einfach laut wiederholen.

»Gott?«, echote ich.

Dann musste ich lachen, das war mir jetzt wirklich ein Bedürfnis.

Mein kleines Lachen vermischte sich mit dem der Zwillinge aus weiter Ferne. Wenn sie beide zusammen lachten, konnten sie unglaublich laut sein.

»Es tut mir leid, wenn die zwei …«, entschuldigte ich mich für etwas, von dem ich doch wusste, dass es ihn nicht stören würde.

»Die bringen doch Leben mit sich«, erwiderte er. »In den Wochen, in denen sie hier sind, hab ich viel mehr Energie. Und ihr scheint es auch besser zu gehen. Obwohl es ihr ja eigentlich immer gut geht. Hat sie dir erzählt, dass wir jeden Donnerstagabend zusammen essen?«

Das hatte sie nicht, aber es wunderte mich gar nicht.

Sofort und sie hatten bestimmt ganz wunderbare Unterhaltungen miteinander, ohne auch nur den Mund aufzumachen. Sie brauchten sich nicht gegenseitig zu beeindrucken oder zu übertrumpfen.

»Vielleicht stößt du ja mal dazu«, sagte er, obwohl er genau wusste, dass ich es nicht tun würde.

Und dann legte sich Stille über uns, es kam dieser typische Moment zwischen zwei fast Fremden, die sich schon lange nicht mehr gesehen haben. Selbst Byron bellte nicht mehr und schaute uns nur an. Nun war der Augenblick gekommen, an dem ich mich entweder umdrehen und wieder gehen oder ins kalte Wasser springen musste …

Jetzt musste ich ihm also erklären, wie schlecht es seinem Gott ging, und solche Dinge waren nie leicht.

Zum Glück war mit Sofort alles ganz einfach, weil er den anderen immer zuvorkam.

»Und, wie geht es Gott?«

Ich lächelte. Eine tolle Einleitung für ein Gespräch.

Aber meine Antwort ließ auf sich warten. Während es dann langsam dämmerte, erzählte ich Vaters Regieassistenten in seinem Hauseingang schließlich alles. Der Duft der Natur umfing uns, und um uns herum wurde die Welt nach und nach dunkel.

Sofort stellte keine Fragen, und auf seinem knochigen Gesicht waren keine Emotionen zu lesen. Er hörte einfach nur aufmerksam zu.

Als ich ihm von meinem merkwürdigen Treffen mit seinem Gott erzählt hatte und von dessen seltsamem Vorschlag, war für Sofort alles klar.

»Mach das mal! Die Zusammenarbeit mit deinem Vater ist eine der tollsten Erfahrungen, die sich dir im Leben bieten werden.«

Kein Wort über Vaters Krankheit oder über die ethischen und moralischen Probleme einer Zusage.

Das war eine typische Sofort-Antwort.

»Vielleicht solltest *du* das lieber machen«, entgegnete ich. »Du warst doch stets seine große Hilfe beim Drehen und giltst immer noch als sein treuer Knappe.«

Lächelnd sah mich der alte Mann an. Mit Komplimenten schien er so seine Schwierigkeiten zu haben. Er schwieg eine Weile, und am Ende war seine Antwort dann nur schwer zu verdauen.

»Mich erkennt er schon lange nicht mehr. Ich hab ihn immer am Mittwochmorgen besucht, und dann haben wir über alte Drehs gesprochen, über Einstellungen, die er heute aus einer anderen Perspektive drehen würde, über verlorene Filmrollen …

Aber eines Tages hatte er mich einfach vergessen. Es war seinem Gedächtnis entfallen, dass ich mal beim Drehen an seiner Seite gewesen war.

Wenn ich jetzt vorbeischaue, dann sieht er in mir durchaus noch einen Freund. Aber die Kunst, die wir zusammen erschaffen haben, die gemeinsamen Momente und Abenteuer von den Drehs jener legendären Filme sind aus seiner Erinnerung verschwunden.«

Die Stille, die sich nun ausbreitete, erschien mir ewig. Byron machte ein Geräusch, das wie Seufzen klang. Ich hätte schwören können, dass dieser Hund jedes Wort verstand.

Sofort sprach weiter: »Jede Woche haben wir uns weniger zu sagen. Uns hat eben das Kino verbunden, ohne dieses Thema ist die Kommunikation schwieriger. Ich eigne mich nicht für Smalltalk, und er auch nicht.«

Jetzt legte sich tiefe Traurigkeit über seine Züge. Er hatte seinen Gott verloren, und übriggeblieben war für ihn nur noch wie für alle anderen der Mensch, jenes Wesen, das kaum eine Beziehung zu anderen pflegte.

Endlich hatte er meinen Vater kennengelernt … meinen Vater in Reinform. Und mit dem konnte man sich eben nicht gut unterhalten.

»Du solltest wirklich machen, was er dir vorschlägt. Dann wird bestimmt alles besser«, wiederholte Sofort.

»Ich weiß nicht … Damit können wir unsere Beziehung sicher auch nicht wiederherstellen. Da ist nicht mehr viel zu retten«, fügte ich noch hinzu, während ich mich schon abwandte.

Ich setzte mich mit so wenig Überzeugung in Bewegung, dass Byron nicht einmal Anstalten machte, mir zu folgen. Dieses Gespräch war offenbar noch nicht zu Ende.

»Kennst du seinen Tick?«, fragte da Sofort.

»Seinen Tick?«

Der Regieassistent wusste eben einfach, wie er meine Aufmerksamkeit wecken konnte. Wenn ich mal einen Dreh besucht hatte, war mir aufgefallen, dass es ihm auf irgendeine unerfindliche Art und Weise immer gelang, sowohl die Techniker als auch die künstlerischen Mitarbeiter zufriedenzustellen. Vom mächtigen Kameramann bis hin zum kleinen namenlosen Statisten ohne Text, der nicht mit dem Rest der Crew zusammen aß und stattdessen in ein trauriges Brötchen biss.

Durch seine Kraft und Energie waren immer alle wie gebannt von Sofort. Außerdem fügte er am Ende einer Unterhaltung oft noch wie beiläufig ein paar Worte scheinbar ohne große Bedeutung hinzu, bevor er sich abwandte. Und durch diese Worte fühlte sich sein Gesprächspartner einzigartig, wie etwas ganz Besonderes.

Beim Dreh war er das Sprachrohr meines Vaters. Allerdings immer freundlicher und stilvoller als dieser.

Ich beschloss, nicht zu gehen. Es sollte weder das erste noch das letzte Mal sein, dass ich Sofort ins Netz ging.

»Was denn für ein Tick?«

Er lächelte, weil ich angebissen hatte.

»Dein Vater hat einen Tick ...«

»Nein!«

»Meinst du, dass er keinen hat? Oder dass du nichts davon weißt?«

»Er hat keinen«, versicherte ich.

Und wenn ich Vater noch so wenig kannte, das immerhin konnte ich nach langen Jahren des Zusammenlebens sicher sagen.

Sofort zog die Augenbrauen hoch, so als würde er ein Geheimnis kennen, das meine Sicht der Dinge völlig verändern würde.

»Den hatte er schon, als ich ihn kennengelernt habe«, erklärte er.

»Vater?«, stammelte ich fassungslos. »Aber wo denn nur?«

»Er wandert«, lächelte Sofort.

»Sein Tick wandert?«

»Genau. Er hat immer versucht ...«

Der alte Regieassistent verstummte kurz, so als wüsste er nicht so recht, ob er mir das überhaupt verraten sollte, als handle es sich um ein großes Geheimnis. Aber diese Pause dauerte nicht lange.

»Dein Vater wollte seinen Tick immer verbergen, deshalb hat er ihn nicht am Auge oder sonst wo im Gesicht geduldet. Er hat mir mal anvertraut, dass er den Tick in seiner Kindheit im Gesicht hatte und ihm dies viele Probleme bereitet hat. Die Leute haben ihn angesehen wie einen komischen Kauz, und das war ihm peinlich …«

»Das hat er dir erzählt?«

Ich konnte es nicht fassen.

»Na ja, ich hab es eher geschlussfolgert. Bei deinem Vater muss man seine eigenen Schlüsse ziehen, selbst rückt er nämlich nicht mit der Sprache raus.«

Ich lächelte. Er kannte Vater einfach zu gut.

»In seiner Jugend ist ihm klar geworden, dass er diesen Tick nicht mehr loswerden würde, weil er längst zu seinem Leben gehörte. Eines Tages hat er aber herausgefunden, dass er ihn verschieben konnte.«

»Ihn verschieben?«

»Ja, er kann ihn nach oben oder unten bewegen, in einen anderen Teil seines Körpers. Irgendwohin, wo er nicht so auffällt.«

Ich dachte an Vater, ließ in Gedanken seine ganze Gestalt Revue passieren. Jetzt wollte ich die Stelle unbedingt finden, bevor Sofort sie mir verriet.

»Die Hände!«, sagten wir beide gleichzeitig.

Mir war wieder eingefallen, dass Vater seine Hände eigentlich nie zeigte. Sie waren entweder unter der Tischplatte oder hinter irgendeinem Gegenstand verborgen. Ich hatte mich nie gefragt, warum eigentlich. Vermutlich achtet man mehr auf das, was die Menschen einem zeigen, und nicht auf das, was sie verbergen.

»Die Hände, genau!« Sofort war er zufrieden, weil ich es erraten hatte. »Dahin hat er den Tick verbannt, und dort hält er sich bis heute auf. Obwohl der Umzug ziemlich schmerzhaft war. Der Tick lebt in seinen Händen, und deshalb renkt sich ihm fast 50 Mal am Tag der Zeigefinger aus und kehrt dann an seinen Platz zurück … und das nur an den Tagen, an denen der Tick nicht besonders heftig ist. Aber wenn Gott nervös ist und keine Kontrolle darüber hat, können es auch gelegentlich 200 Mal sein. Bei nächtlichen Drehs, die oft ewig gedauert haben, hat man im Hintergrund immer dieses ganz spezielle und nicht zuordenbare Geräusch gehört. Einige Techniker dachten wohl, das wären Grillen …« Er lächelte. »Ich weiß nicht, ob er ihn immer noch dorthin verbannt hat. Vielleicht hat die Krankheit ihn ja wieder wandern lassen, ihn aus seinem Gefängnis befreit …«

Dann sagte der Regieassistent nichts mehr. Er verabschiedete sich nur noch von mir, reichte mir die Hand und drehte sich um, um ins Haus zurückzugehen. Ich hatte ganz vergessen, dass er immer derjenige war, der Unterhaltungen beendete.

Nun musste ich an die eigentlich nicht für meine Augen bestimmte Widmung aus Vaters Buch denken. Ob sie vielleicht mit dem Tick zu tun hatte, mit Vaters Anfängen? Vielleicht war der faszinierende Junge, der beim Basteln die Zunge rausstreckte, ja er mit seinem Tick. Und dieser Tick befand sich damals noch in der Nähe des Gesichts, hatte es sich in der Zunge bequem gemacht.

Byron hörte meine Überlegungen nicht, aber auch ihm war klar, dass die Sache jetzt vorbei war, deshalb trat er ebenfalls den Heimweg an.

Sofort war schon fast im Haus verschwunden, als ich ihm noch eine Frage stellte, schließlich war ich deshalb ja gekommen: »Was macht denn ein Regieassistent überhaupt?«

Der alte Mann lächelte und erklärte langsam: »Alles, was der Regisseur von ihm verlangt. Und noch ein bisschen mehr ...« Er verstummte kurz. »Warte mal einen Moment ...«

Sofort verschwand, und Byron erstarrte. Er hatte sich offenbar zu früh in Bewegung gesetzt, wollte seinen Fehler aber wohl nicht zugeben.

Während ich wartete, drängte sich mir das Gefühl auf, dass ich hier einen großen Fehler machte.

Es dauerte fast zehn Minuten, bis Sofort wiederkam. Er reichte mir ein paar zerknitterte Blätter Papier, vier riesige Filmrollen und eine Flasche Whisky.

»Was ist das denn alles?«, fragte ich.

»Eine 35-Millimeter-Kopie von Gotts erstem Film; ich glaube, die hat sonst keiner. Der Whisky, den er beim Dreh immer trinkt, und eine Liste mit allen Namen, Telefonnummern und Adressen der Leute, die bei diesem ersten Film mitgewirkt haben. Wenn du das Angebot annimmst, dann solltest du vielleicht diejenigen anrufen, die damals mit ihm zusammen angefangen haben. Es ist bestimmt eine gute Idee, mit denjenigen aufzuhören, mit denen man begonnen hat. Viel Glück!«

Und dann verschwand er wirklich.

Ich schleppte die schweren Filmrollen, den alten Whisky und die muffigen Zettel zurück zum Haus meiner Schwägerin.

Byron, der vor mir her trottete, drehte sich von Zeit zu Zeit zu mir um. Er schien wohl insgeheim darauf zu warten, dass ich ins Straucheln geriet.

Ich hatte hier gerade viel zu viel Information auf einmal bekommen. Darum war ich verunsichert und kam mir irgendwie absurd vor.

Deshalb grübelte ich die ganze Nacht vor mich hin und versuchte, die richtige Entscheidung zu treffen.

Wie verführerisch war doch der Gedanke, am nächsten Morgen aufzustehen, mir die Zwillinge zu schnappen und mich aus dem Staub zu machen. Nach Hause zurückzukehren …

Ich war mir sicher, dass sich schon irgendjemand um Vater kümmern würde. Es gab in seinem Umfeld Menschen, die einspringen würden, wenn ich ihn hängenließ.

Aber mein Ehrenwort, das ich Mutter gegeben hatte, wog schwer. Viel zu schwer …

Da ich sowieso nicht schlafen konnte, beschloss ich, mir den Tag des Versprechens noch einmal in Erinnerung zu rufen. Ich wollte an jene Wegkreuzung zurückkehren, dort alles in Frage stellen und vielleicht irgendwo einen Fehler finden.

Womöglich bot mir ja eine zweite Lesart einen Ausweg, befreite mich von meiner Zusicherung. Es sollte wirklich

Anwälte geben, die einem dabei halfen, sich von Versprechen aus der Jugendzeit zu entbinden, vielleicht durch das
Argument »emotionale Unreife«.

An jenem Tag war so viel passiert … Mutter war gestorben, und Vater hatte den Verstand verloren.

Menschliche Kartoffelsäcke, die gehen, rauchen und Accessoires tragen

Obwohl mittlerweile so viele Jahre verstrichen waren, war mir jener Tag immer gegenwärtig. Es verging kein Monat, an dem ich ihn mir nicht zwei-, dreimal ins Gedächtnis rief.

Wie ich ja schon erwähnt habe, war es der heißeste Sommer, an den ich mich erinnern kann.

Hitze und Mutter ... Kälte und Vater ...

Meine Frau ist im Frühling gestorben, in einem herbstlichen Frühling, das war wirklich eine seltsame Mischung. Sie hat es die Zeit der Verkleidungen genannt. Wenn man die Straße entlangging, konnte man tatsächlich Leute mit kurzen Ärmeln und Badehose sehen, neben anderen mit Mantel und Wollmütze.

Ich weiß nicht, was für eine Verkleidung sie trug, als sie gestorben ist. Ob sie für den Sommer oder den Winter angezogen war.

Meine Mutter hatte eine Art weißes Nachthemd an, als sie starb. Das trug sie während der ganzen letzten Phase ihrer Krankheit.

Es war ein Nachthemd aus ganz dünnem weißem Stoff, das immer gut roch. Ich hätte schwören können, dass es nicht immer dasselbe war, weil der Farbton ein wenig variierte.

Und deshalb stellte ich mir vor, dass sie einen ganzen Schrank voll weißer Nachthemden in leicht unterschiedlichen Schattierungen hatte.

Mutter starb an einer erblichen Blutkrankheit, die vor ihr schon ihre Mutter, Großmutter und Urgroßmutter gehabt hatten.

»Mein Blut fließt nicht in die richtige Richtung«, so hatte sie es mir erklärt. Ich habe es nie richtig verstanden.

Eines war jedoch klar: Das Blut strömte oft schlagartig aus ihrem Kopf, und dann sank sie einfach zu Boden. Man wusste nie, wann es das nächste Mal passieren würde.

Das war bei Mutter so seit meiner Geburt. Ich erinnere mich noch daran, wie ich als Fünfjähriger mal mit ihr im Einkaufszentrum war. An ihrer Hand hatte ich das Gefühl, dass sie mich vor allem beschützen würde, und dann fiel sie plötzlich einfach um.

Dies passierte so oft, dass sie uns schließlich beibrachte, uns während der eineinhalb Minuten ihrer Ohnmacht um sie zu kümmern. Diese 90 Sekunden lang mussten wir verhindern, dass man sie beklaute oder wiederzubeleben versuchte. Vor allem durften wir uns auf keinen Fall von ihr trennen lassen.

Ärzte oder Krankenwagen durften wir dabei nicht an sie heranlassen, und wir mussten 90 Sekunden lang dafür sorgen, dass Langfinger oder allzu hilfsbereite Menschen nicht auf sie aufmerksam wurden.

Es war unglaublich: Sobald sie umkippte, stürzten sich die Menschen von allen Seiten auf sie, genau wie sie es vorhergesagt hatte. Da gab es Diebe, Leute mit Helfersyndrom und Geier, die es auf ihre menschlichen Überreste abgesehen hatten.

Ich lernte schnell, sie zu unterscheiden, das war ziemlich einfach.

Wir mussten Mutter nicht nur vor all diesen Menschen schützen, sondern auch dafür sorgen, dass sie weich fiel.

Das war schon schwieriger, weil ihre Ohnmachten nicht vorhersehbar waren. Mutter konnte bewusstlos werden, wenn wir am wenigsten damit rechneten, und es gab in ihrer Umgebung schließlich Rolltreppen, Abhänge, Autos …

Wir alle, die vier Brüder, mussten gut aufpassen, uns um sie kümmern und ihr in diesem Moment und den folgenden 90 Sekunden helfen.

Deshalb waren wir stets an ihrer Seite, und ich schwöre, dass sie niemals auch nur einen Kratzer davongetragen hat.

Im Spaß sagte sie zu uns, dass Hinfallen doch normal sei. Dass wir alle Kartoffelsäcke seien. Bei uns Menschen handelte es sich ihr zufolge nur um 50, 60 oder 90 Kilogramm schwere Kartoffelsäcke, die sich auf seltsamen Stelzen fortbewegten. Und dann reichte es diesen Kartoffelsäcken nicht einmal, dass sie halbwegs vernünftig laufen konnten, ohne dabei umzukippen; sie trugen außerdem noch Kleidung und Kopfschmuck, hielten Taschen und Gegenstände in der Hand ... Dabei redeten, riefen und stritten sie, schauten nach links und rechts, bis sie sich verliebten ... Wie sollten sie da nicht ins Straucheln geraten?

Ich weiß noch, dass wir an Weihnachten mal neben dem See keinen Schneemann gebaut haben, sondern einen Kartoffelsackmann, dem wir Hausschuhe anzogen. Wir wollten so gerne, dass er zu laufen anfing, sich aufrecht halten, einkaufen und sich verlieben konnte.

Es ist uns nicht gelungen. Aber mit sechs Jahren glaubt man ja eigentlich alles, was einem so erzählt wird.

Als wir dann ein zweistelliges Alter erreichten, änderte sich alles. Plötzlich wollte niemand Mutter mehr gerne begleiten.

Deshalb losten wir das unter uns aus, was ganz schön traurig ist. Damals wussten wir ja noch nicht, dass wir von unserem zwanzigsten Lebensjahr an selbst an dieser Krankheit leiden würden. Das war Mutters Vermächtnis, eine unerwartete Erbschaft.

Und als wir dann an der Reihe waren, begriffen wir erst, wie gemein wir damals zu ihr gewesen waren. Wie oft im Leben müssen wir eine Situation erst am eigenen Leib erfahren, um zu erkennen, wie hart, schmerzhaft und unerfreulich sie wirklich ist.

Der Blickwinkel ändert sich, wenn die Dinge das Sieb des eigenen Ichs passieren ...

Seit meinem zwanzigsten Geburtstag erlebe auch ich Mutters Ohnmachten, falle wie ein Kartoffelsack um. Allerdings gibt es inzwischen bessere Medikamente, deshalb können zwischen den Ohnmachten manchmal Monate verstreichen. Ich weiß schon gar nicht mehr, wann es mir das letzte Mal passiert ist.

Aber dadurch, dass ich selbst umfalle, kenne ich jetzt die Notwendigkeit, von anderen umsorgt und beschützt zu werden. Es verändert eben alles, die Dinge am eigenen Leib mitzuerleben.

Das Erbe unserer Mutter ereilte uns Brüder alle ein paar Tage vor oder nach unserem zwanzigsten Geburtstag.

Ich kam als Zweiter in der Thronfolge, deshalb rechnete man bei mir eigentlich schon damit. Es war weder traumatisch noch schmerzhaft, eher so, als würde ich auf ein Geschenk meiner Mutter warten, die mich verlassen hatte, aber in meinem Blut weiterlebte.

Außerdem waren die Ohnmachten noch gar nichts im Vergleich zu der Gewissheit, dass meine Tage so enden würden wie ihre. Ich weiß nicht genau, wann das sein wird und wie sehr mein Tod dem ihren ähneln wird. Die Ärzte können mir dazu nichts sagen, aber irgendwann wird der Moment kommen.

Die letzten Augenblicke meiner Mutter verstrichen während jenes so heißen Sommers …

Diese seltsame Blutkrankheit raubte ihr die Kraft, deshalb war sie von Jahr zu Jahr schwächer geworden.

Während der letzten Zeit waren die Ohnmachten so häufig geworden, dass Mutter schließlich im Bett blieb und gar nicht mehr aufstand. Sie lag das ganze letzte Jahr in diesem Zimmer.

Vater sagte immer, dass sie ruhte. Wenn wir sie besuchten, dann verwendete sie nicht diese Worte, sondern sagte stattdessen, dass sich ihr Kartoffelsack nicht mehr bewegte.

Trotz der furchtbaren Schmerzen verlor sie dabei aber nie ihren Enthusiasmus und ihre Lebensfreude.

Für Kinder ist es ganz schrecklich, ihre Mutter im Bett sehen zu müssen, immer von oben auf sie herabzuschauen. Dabei zuzusehen, wie sie langsam dahinsiecht.

Die letzten acht Monate waren am schlimmsten. In dieser Zeit verlor Mutter oft das Bewusstsein, und zwar ziemlich lange. Inzwischen sorgten wir uns nicht mehr darum, ob sie auch weich fiel, sondern vielmehr darum, ob sie wieder aufwachen würde.

Während der letzten beiden Monate war der Schmerz dann einfach unerträglich. Deshalb wünschte ich mir mittlerweile sogar, sie würde nicht mehr zu Bewusstsein kommen. Vielleicht wäre es besser, wenn sie diese Welt während einer ihrer Ohnmachten hinter sich lassen würde.

Aber wenn sie dann wieder aufwachte, suchte ich in ihrer Hand immer nach einem Lächeln für mich …

Mutter lag während dieses Jahres im Sterben, und Vater … Vater schien das nicht zu begreifen. Was er in Mutters letzten Tagen mit uns anstellte, ergab überhaupt keinen Sinn, und ich werde es ihm niemals verzeihen.

Aber jetzt schien es plötzlich so, als würde dieser Vater gar nicht mehr existieren. Wahrscheinlich zog ich deshalb einen zweiten Besuch in Betracht. Um zu überprüfen, ob dieser fremde Mensch, der in seiner Haut gesteckt hatte, vielleicht verschwunden war. Wenn der Vater zurückgekehrt war, den ich kannte, dann würde ich ihn hassen, ihm Vorwürfe machen und ihm meine Hilfe verweigern können.

Tumm

Als ich am nächsten Morgen aufstand, liefen die Dinge nicht nach Plan.

Die Frau meines Bruders konnte nicht auf die Zwillinge aufpassen, weil sie einen beruflichen Termin hatte. Das hatte sie wohl erwähnt, aber ich hörte ihr in letzter Zeit ja kaum zu.

Sie wollte ihren Termin verschieben, aber da protestierte ich. Schließlich hatte ich ihr ja vorher gesagt, dass die Sache mit Vater nur einen Tag dauern würde. Ich wollte ihn besuchen und danach wieder fahren. Aber dann hatte ich meine Pläne geändert.

Nun bot mir die Frau meines Bruders noch an, meine Töchter zur Arbeit mitzunehmen, aber das zuzulassen wäre doch wirklich egoistisch von mir gewesen.

Vielleicht hätte ich sie zu Sofort rüberbringen können. Ich begann mich jedoch zu fragen, ob diese Fügung des Schicksals vielleicht ein Zeichen war. Vater hatte meine Mädchen noch nie gesehen, und irgendwie scheint es ja wichtig zu sein, dass dein Vater deine Kinder kennt. Das liegt doch in unseren Genen, hat etwas mit den Gliedern einer Kette zu tun, damit, den Kreis zu schließen.

Die Frau meines Bruders erzählte mir auch von einer zuverlässigen Freundin, die sie mir als Babysitterin empfehlen konnte, aber ich hatte mich längst entschieden.

Vielleicht war es auch deshalb eine gute Idee, Vater heute in Begleitung aufzusuchen, weil sich dieser zweite Besuch damit deutlich vom ersten unterscheiden würde.

Die Frau meines Bruders verließ schließlich das Haus. Sie war traurig, weil sie das Gefühl hatte, mich enttäuscht zu haben. Es war mir nicht gelungen, ihr das auszureden.

Als sie ging, riefen beide Mädchen zugleich nach mir. Ich weiß nicht, ob sie ihre Abwesenheit oder meine Anwesenheit spürten.

Und kurz darauf machten die zwei auch noch gleichzeitig die Windel voll, damit wollten sie mir wohl irgendwas sagen.

Während ich alles für die Fahrt vorbereitete, wollten sie plötzlich beide essen. Inzwischen war ich mir nicht mehr so sicher, ob es wirklich eine gute Idee war, die Mädchen mitzunehmen.

Vater in diesem seltsamen Zustand und die Zwillinge in ihrem natürlichen Urzustand ... vielleicht war das wirklich nicht ideal.

Als ich sie ins Auto setzte, protestierten die beiden, weil sie lieber herumrennen wollten. Seit sie laufen gelernt hatten, empfanden sie es als Beleidigung, wie Babys behandelt zu werden. Und das konnte ich verstehen. Ich hatte es früher auch schrecklich gefunden, wie ein Kind behandelt zu werden, wenn ich mich doch schon erwachsen fühlte.

Die Größere sagte während der ganzen Fahrt immer wieder »Tumm«. »Tumm« war ihr Lieblingswort und das erste, das sie gelernt hatte. Es konnte genauso gut »Ich will was essen!« heißen wie auch »Guck mal!« oder »Hol mich aus diesem Stuhl raus!«. »Tumm« war ihr einziges Wort.

»Tumm« fasste alles zusammen: Hunger, Bedürfnisse und Wünsche.

Es ist doch wirklich schade, dass wir immer mehr Wörter lernen, wenn wir groß werden. Ich glaube, ein einziges würde schon reichen und wäre viel effektiver.

Die andere, die Kleine, die 23 Sekunden später zur Welt gekommen war, ähnelte der Großen in allem. Nur fehlte ihr überall ein Zentimeter, außerdem hatte sie auf den Wangen kleine Narben.

Durch die konnte ich meine Töchter unterscheiden, und eben dadurch, dass bei einer eben alles etwas kleiner war … Mund, Augen, Nase, Ohren …

Auch ihr Lächeln war nicht ganz so offen, und ihr »Tumm« war zwar ähnlich, sie sprach es aber etwas anders aus, mit weniger Nachdruck auf dem M-Laut am Ende. Bei ihr hörte man ihn kaum, dafür legte sie mehr Betonung auf das »Tu« am Anfang. Die M schienen sich vom U zu entfernen. Zuerst klang es wie »tu«. So als wollte sie sagen: »Du, hör mir zu!« Aber am Ende hörte man dann doch wie ein Flüstern noch das M.

Natürlich könnten das alles auch Einbildungen eines Vaters sein. Gut möglich.

Aber im Auto hörte ich die ganze Zeit dieses abwechselnde »Tumm« und »Tu«, mit dem sie mir offensichtlich etwas sagen wollten. Leider konnte ich darauf jetzt keine Rücksicht nehmen, es war einfach nicht der Moment dafür.

Deshalb behielt ich meine Töchter nur per Rückspiegel im Auge. Wenn sie meinen Blick bemerkten, verstummten sie wie ertappt.

Meine Frau hat Rückspiegel für eine der besten Erfindungen aller Zeiten gehalten. Wie ironisch ... vermutlich hätte sie niemals gedacht, dass ihr Tod mit einem Rückspiegel zu tun haben würde.

Sie meinte immer, dass unser Leben sicher einfacher wäre, wenn unser Körper auch einen Rückspiegel hätte. Unser Design hielt sie für fehlerhaft, und von solchen Sachen hatte sie schließlich Ahnung.

Ihr Leben war das Marketing. Sie hatte ständig die tollsten Ideen, um Leute vom Kauf der Produkte zu überzeugen, für die sie warb.

Sie war wirklich eine tolle Überzeugungskünstlerin. Schließlich hat sie auch mich dazu gekriegt, dass wir Zwillinge bekamen. Sie leistete wirklich großartige Arbeit.

Dafür machte sie sich ein paar Stunden lang mit den Dingen vertraut, die sie anpreisen sollte. Dabei probierte sie alles aus und versuchte zu verstehen, welche Bereicherung dieses Produkt für die Welt darstellte und warum man es kaufen sollte.

Und daher stammte auch ihre Rückspiegel-Theorie. Sie hatte sich den menschlichen Körper oft angeschaut und fand, dass wir noch einen Rückspiegel brauchten, um zu sehen, was hinter uns lag. Ihrer Meinung nach ergab es keinen Sinn, immer nur nach vorne zu sehen und die hinter uns liegenden Möglichkeiten zu ignorieren.

Was bereits passiert war, enthielt für sie den Schlüssel zu den Dingen, die uns noch zustoßen würden.

Und deshalb fand sie es einfach unglaublich, dass wir alle in diesem menschlichen Körper ohne Rückspiegel über die Straße marschierten. Da hatte die Schöpfung für sie einen kleinen großen Fehler gemacht.

Aus diesem Grund drehte sie sich auch oft einmal komplett um ihre eigene Achse, um sich anzuschauen, was die Natur ihr vorenthalten hatte.

Jetzt rief mich das laute »Tumm« zurück in die Gegenwart, ins Auto, mit dem ich zum zweiten Mal auf dem Weg zu meinem Vater war, und vermutlich auch zum letzten Mal.

Ich betrachtete meine beiden Töchter im Rückspiegel und freute mich über ihren herausfordernden Blick. Den fand ich super.

Nun dachte ich an den Tag zurück, an dem ich die beiden fast verloren hätte. An den Tag, an dem meine Frau den Unfall hatte. An den Augenblick, in dem sie mir sagte, dass ich es nicht rechtzeitig ins Krankenhaus schaffen würde, den Augenblick, in dem sie sich in diesem Leben von mir verabschiedete.

Ich konnte damals nicht einmal um sie weinen. Es war einfach nicht der passende Moment, weil ich mich erst einmal konzentrieren und mich wieder daran erinnern musste, wer von uns beiden eigentlich mit dem Abholen der Zwillinge dran war.

Ich schien da vor dem Kino fast den Verstand zu verlieren. Im Handy schaute ich auf meinen Kalender, um zu sehen, ob ich es mir vielleicht vorgemerkt hatte.

Ein Verlust war schon schmerzhaft genug, aber gleich drei … Daran wollte ich nicht einmal denken.

Panik überkam mich. Ich rannte zum Auto und schlug den Weg zum Krankenhaus ein, dessen Namen die Polizei in der Nachricht genannt hatte. Die Zwillinge waren bestimmt bei meiner Frau gewesen, aber ich musste jetzt einfach fest daran glauben, dass ihnen nichts passiert war.

Meine Frau hatte ich bereits verloren, jetzt waren die Mädchen alles, was mir blieb. Ich konnte an nichts anderes mehr denken. In diesen Momenten war in meinem Kopf für nichts anderes mehr Platz.

Aber auf dem Weg zur Klinik riss ich plötzlich das Lenkrad herum und steuerte ein anderes Ziel an. Ich hatte das Gefühl, dass ich mit dem Abholen dran gewesen war, deshalb machte ich mich auf den Weg zur Kita. Das war doch das Vernünftigste …

Ich parkte in der zweiten Reihe auf einer Straße mit nur einer einzigen Fahrspur. Mir war ganz egal, dass ich damit kilometerlange Staus verursachen würde, in diesem Moment scherte mich der Rest der Welt nicht.

Als die Leute sahen, wie ich aus dem Wagen stieg, drehten sie völlig durch. Das Auto scheint den Menschen als eine Art Sprachrohr zu dienen – Mut, Frustration und Traurigkeit werden dadurch noch verstärkt.

Ich betrat die Kita und blieb am Eingang nicht einmal stehen, weil keine Zeit zu verlieren war. Ich fragte auch niemanden, weil ich ja doch kein Wort herausbekam.

Stattdessen rannte ich direkt in den Gruppenraum der kleinen »Tumm«, wo lauter Kleinkinder durcheinanderkrabbelten. Ich hob eins nach dem anderen auf und schaute ihnen ins Gesicht, lauschte vergeblich nach dem leisen »Tumm«. Nein, nichts. Die Kinder schauten mich verblüfft an und wunderten sich darüber, dass jemand ihr zielloses Krabbeln in diesem riesigen Raum unterbrach. Einige fingen zu weinen an, anderen schien es egal zu sein.

Dann fiel mir wieder ein, dass meine Töchter ja manchmal zusammen in einer Gruppe waren, weil man sie mit einem bekannten Gesicht zu beruhigen versuchte, wenn eine von ihnen nicht zu weinen aufhörte.

Deshalb lief ich in den anderen Raum. Eine Betreuerin heftete sich an meine Fersen und rief mir etwas hinterher, aber ich hörte gar nicht zu. Ich wollte jetzt nicht unterbrochen werden, sondern einfach nur die Zwillinge finden.

Im Saal der größeren Kinder hatten sich bereits alle zum Mittagsschlaf hingelegt. Weil der Lichtschein aus dem Flur hell genug hereinfiel, drückte ich nicht auf den Schalter an der Wand, ich konnte auch so ohne Probleme die Gesichter der Kinder erkennen.

Ich begann, die Kinder ganz langsam herumzudrehen, um sie nicht zu wecken, und hoffte auf ein »Tumm« der Größeren, das mich endlich beruhigen würde. Aber sie war nicht da, genauso wenig wie ihre Schwester.

Frustriert rollte ich auch das letzte Kind auf die Seite. Keine Spur von den beiden.

»Ihre Frau hat sie abgeholt ...«

Die Betreuerin der Großen, die meine um weniges ältere Tochter der Kleinen immer schon vorgezogen hatte, unterbrach den Moment.

Und dann begann ich zu brüllen. Ich muss da wohl einen furchtbaren Schrei ausgestoßen haben, weil nun alle Kinder gleichzeitig zu weinen anfingen.

Das »Tut mir leid« meiner Frau hallte hinter meiner Stirn wider. Jetzt ergab alles einen Sinn.

Ich entschuldigte mich nicht, sondern rannte ohne ein einziges Wort aus der Kita. Jetzt musste ich einfach nur so schnell wie möglich ins Krankenhaus, wo ich meine Töchter in die Arme schließen und um meine Frau weinen wollte. Draußen entdeckte ich neben meinem Auto einen Polizisten und eine endlose Schlange von Bussen, Taxis, Autos und Lieferwagen.

Weil ich nicht noch mehr Zeit verlieren wollte, ging ich gar nicht erst zum Auto rüber, sondern nahm mir an der nächsten Ecke ein Taxi.

Ich sank auf den Rücksitz und begann jetzt endlich, mich wieder ein bisschen zu beruhigen. Der Fahrer schenkte mir nicht die geringste Beachtung. Es hätte wohl auch ein Pferd hinten einsteigen können. Solange es ihm nur korrekt eine Adresse genannt hätte, wäre es ihm wohl nicht aufgefallen.

Der Mann sprach über ein kleines Headset mit jemandem und warf nicht einen einzigen Blick in den Rückspiegel. Von Zeit zu Zeit riss er das Steuer herum und wurde dabei lauter.

Ich versuchte mich zu entspannen und dachte an das, was nach meiner Ankunft in der Klinik wohl passieren würde. Wie würde ich gleich reagieren? Ich wollte auf alles vorbereitet sein, Alternativen finden.

Mein Gehirn funktionierte langsam und analysierte träge jedes Detail der Situationen, die ich gedanklich durchspielte. Auf der Straße schienen es hingegen alle eilig zu haben, sie hatten von meinem Unglück keine Ahnung und legten ein ordentliches Tempo vor. Ich hatte Angst.

Innerhalb weniger Minuten seine ganze Familie zu verlieren erschien doch undenkbar.

Als das Taxi am Krankenhaus ankam, hatte ich Panik. Ich bezahlte und gab dem Fahrer ein viel zu hohes Trinkgeld, so als hoffte ich, diese absurde Geste würde mir gutes Karma verschaffen.

Allerdings war ich dem Mann für seine Gleichgültigkeit wirklich dankbar.

Dann betrat ich die Klinik, die so gut wie leer und gespenstisch still war. Am Empfangstresen saß am Computer eine Jugendliche, die nicht älter als 15 zu sein schien.

Als mich das junge Mädchen anlächelte, war ich fast beleidigt. Ich fragte nach meiner Frau.

Die Angestellte suchte im Computer nach ihr, und dann änderte sich ihr Gesichtsausdruck schlagartig.

»Ich weiß. Sie ist tot«, sagte ich, bevor die junge Frau noch etwas sagen konnte. Diese Nachricht wollte ich nun wirklich nicht aus ihrem Mund hören.

Ein Mitarbeiter brachte mich ins richtige Stockwerk, dann in den entsprechenden Gebäudeflügel, und schließlich wollte er mich auch noch in den Raum begleiten, in dem meine Frau lag.

Aber ich sagte ihm, dass ich dort jetzt nicht reinwollte, dass ich zuerst die Zwillinge sehen musste. Der Mitarbeiter fragte einen Arzt, dieser eine Krankenschwester, und nach ein paar Minuten kam dann ein Mann mit Krawatte auf mich zu.

Er brachte mich in ein Zimmerchen mit mehreren Babys. Ich wusste nicht, was für ein Raum das war und ob all diese Babys zu Menschen gehörten, die einen Unfall gehabt hatten.

Als ich den Blick über die Kinder wandern ließ, entdeckte ich schließlich die Große.

Sie hatte mich unverwandt angesehen, seit ich hereingekommen war.

Die Augen hatte sie weit aufgerissen, und auf ihren Zügen lag ein Ausdruck, der an Angst erinnerte. Ich hatte das Gefühl, dass sie schon lange die Tür im Auge behalten und auf ein bekanntes Gesicht gehofft hatte. Als sie mich dann sah, entfuhr ihr nicht ein Laut. Aber mir war klar, wie glücklich und aufgewühlt sie war … und dann brach ich in Tränen aus, schluchzte so sehr …

Da lag sie nun ... Das war vermutlich einer der besten Momente meines Lebens.

Als ich sie hochnahm, fing auch sie zu weinen an. Und so ein Heulen kannte ich von ihr gar nicht; es lagen Schmerz und Erinnerungen darin. Aber nach einer Minute schlief sie dann auf meinem Arm ein.

Vermutlich war sie fix und fertig, nachdem sie die ganze Zeit nach einem bekannten Gesicht Ausschau gehalten hatte.

Ich suchte nach der Kleinen, konnte sie auf den ersten Blick aber nirgendwo sehen. Deshalb fragte ich den Mann im Anzug.

»Und die Kleine?«

Der Gesichtsausdruck des Mannes veränderte sich, und er sah mich verblüfft an.

Vermutlich hatte er damit gerechnet, dass ich unendlich glücklich sein würde, weil ich durch seine Hilfe meine Tochter wieder in die Arme schließen konnte. Wahrscheinlich hatte er deshalb extra darum gebeten, bei meinem Eintreffen informiert zu werden. Er hatte gern gute Nachrichten überbringen und dafür gelobt werden wollen. Bestimmt hatte diese Sehnsucht nach einem Schulterklopfen mit Traumata aus seiner Kindheit zu tun ...

»Wo ist die Kleine?«, fragte ich noch einmal.

Vermutlich wurde ich langsam laut, denn jetzt wachten außer meiner Tochter alle anderen Kinder auf. Und ich war schuld daran, schon zum zweiten Mal heute.

»Da waren nur Ihre Frau und Ihre Tochter«, sagte der Mann, und es klang fast wie ein Stammeln.

Ich wusste noch immer ganz genau, wie mich in jenem Moment der Wahnsinn zu überkommen drohte.

Deshalb atmete ich tief durch. Jetzt musste ich in die Gegenwart zurückkehren und die Erinnerungen erst einmal hinter mir lassen ... Ich warf einen Blick in den Rückspiegel ... Ja, da saß die Kleine, das hatte ich also nicht geträumt. Es war nicht einfach gewesen, aber ich hatte sie gefunden.

Ich atmete noch einmal tief durch, sog die Luft ein, die mir Soforts Meinung nach Energie verleihen würde ... jene Düfte, von denen meine Frau glaubte, dass sie mir beim Überstehen des Winters helfen würden.

Aber es fiel mir schwer, die Odyssee aus meinen Gedanken zu verbannen, die ich damals durchmachen musste, bis ich die kleine Tumm schließlich gefunden hatte. Trotzdem durfte ich an diese Geschichte jetzt nicht länger denken.

Nun musste ich erst einmal eine andere durchleben, ich erreichte nämlich das Haus meines Vaters.

Die Vormittage sind einfach, die Nachmittage schwierig, die Nächte unmöglich

Vater erwartete mich auf seiner Holzbank, der Bank, die er aus Mutters Bett gezimmert hatte.

Ich weiß noch, wie er ein paar Tage nach Mutters Tod mit der Axt auf das Bett losging und es in seine Einzelteile zerlegte.

Damals fand ich das makaber, aber er brachte es vermutlich nicht über sich, weiter darin zu schlafen. Für uns Brüder war es auf jeden Fall schmerzhaft, mit anzusehen, wie er die Zuflucht ihres letzten Lebensjahres zerstörte.

Der Tod meiner Mutter ließ Vater verrückt werden.

Monate danach verbrachte er Stunden auf dieser Bank, die er aus den hölzernen Überresten des Bettes gebaut hatte. Ich habe mich nie darauf gesetzt, das konnte keiner von uns Brüdern.

Nun parkte ich den Wagen in der Nähe von See und Bank. Und dann redete ich erst einmal mit den Mädchen, bevor ich ausstieg. Meine Frau hatte immer geglaubt, dass sie Vokale besonders gut verstanden, deshalb wählte ich Wörter mit vielen Selbstlauten. Ich bat die beiden, mir drei Minuten zu geben, weil ich zunächst mit ihrem Großvater sprechen musste, bevor ich sie aus dem Auto holen konnte. Beide antworteten mit »Tumm« – es klang irgendwie verständnisvoll.

Dann stieg ich aus und ging direkt zu Vater rüber. Die Krankenschwester, die ihn immer begleitete, trat einen Schritt zur Seite. Ihr Blick ließ keinen Zweifel daran, wie dringend sie eine Antwort von mir brauchte. Diese Frau wollte hier weg und sich um die Ihren kümmern.

»Du kommst fünf Minuten zu spät«, sagte Vater verstimmt. »Dabei gibt es doch so viel zu tun – wir müssen Drehorte finden, Leute fürs Team einstellen, das Storyboard vorbereiten …«

Es hatte sich nichts geändert, das war nicht er. Keine Ahnung, warum mich das so überraschte.

»Setz dich«, forderte er mich auf.

Er rückte zur Seite, damit ich neben ihm auf der Bank Platz nahm. Aber das konnte ich nicht, es war mir einfach zu viel. Ich würde mich niemals auf Mutters Bett setzen, das hätte ich als Beleidigung ihr gegenüber empfunden.

»Nein, ich stehe lieber.«

Meine Antwort gefiel ihm gar nicht.

»Setz dich«, wiederholte er lauter.

Das passte schon eher zu Vater. Aber ich hatte nicht vor, ihm zu gehorchen. So langsam wurde mir klar, dass meine Rückkehr hierher keine gute Idee gewesen war.

Ich wollte schon zum Auto zurückgehen, da sagte er plötzlich: »Auf diesen Brettern ist meine Frau gestorben.«

Mutter hatte er seit ihrem Tod nie wieder erwähnt. Niemals. Ich blieb wie angewurzelt stehen, drehte mich aber nicht zu ihm um.

»Sie hat dieses Bett gekauft, weil ihr das Holz so gefiel. Vor dem Schlafengehen hat sie immer daran geschnuppert. Und in diesem Bett haben wir unsere vier Söhne gezeugt. Als sie gestorben ist, wollte ich es weiter mit ihr teilen.

Sie fand immer, dass hier draußen im Garten eine Bank fehlte. Eigentlich hätte ich die kaufen sollen, aber das hab ich nie gemacht. Meine Frau hatte sich überlegt, dass man von einer Bank aus sicher einen tollen Blick aufs Wasser haben würde. Diesen See fand sie einfach wunderbar …

Jetzt badet sie darin, und ich sitze hier und schaue ihr vom besten Aussichtspunkt dabei zu. Es ist wichtig, dass wir immer noch etwas miteinander teilen.«

Ich war völlig fassungslos. Über solche Themen hatte er noch nie mit mir geredet, vor allem nicht auf diese Art und Weise. So sprach Vater nicht mit mir. Ich hatte ja nicht einmal gewusst, dass dieser See einen Teil von Mutter enthielt. Bislang war ich davon ausgegangen, dass sich ihre gesamte Asche in dieser schrecklichen Vase auf dem Kaminsims befand.

Und deswegen konnte ich einfach nicht gehen, weil ich aus dem Mund meines Vaters plötzlich die Dinge hörte, auf die ich doch immer gewartet hatte. Aber er erzählte sie mir, weil er mich für einen Fremden hielt.

Ich drehte um und kehrte an seine Seite zurück. Auf die Bank konnte ich mich immer noch nicht setzen, deshalb ließ ich mich daneben zu Boden sinken. Vater protestierte nicht, diese Geste schien ihm schon zu reichen. Er verstand sie als Respektsbezeugung wegen der Dinge, die er mir gerade erzählt hatte. Dabei war doch eher das Gegenteil der Fall.

»Wenn der Morgen anbricht, erscheint ein Teil von ihr, und dann leuchtet alles«, sagte er und betrachtete den Himmel über dem See.

Und das meinte er völlig ernst. Ich fand es unglaublich, dass er hier über meine Mutter sprach. Als Sohn hatte er mich niemals an seinem Schmerz teilhaben lassen, aber als einem Fremden öffnete er mir seine Seele.

Wir saßen ein paar Minuten lang schweigend da, und als die Sonne aufging, legte sich ihr Schein tatsächlich über das Wasser und tauchte es in goldenes Licht.

Und von der Bank hatte man darauf die perfekte Aussicht. Rührung erfüllte mich. Natürlich wusste ich, dass dieses Leuchten nichts mit Mutter zu tun hatte, trotzdem war ich ergriffen und überwältigt.

Meine Rührung wurde jedoch vom Weinen der Zwillinge unterbrochen, die ich um ein paar Minuten Ruhe gebeten hatte. Nun war die Galgenfrist vorbei.

Als ich aufstand und zum Auto rüberging, folgte mir Vater. Und da saßen die beiden nun heulend. Er betrachtete sie, öffnete das Auto und griff sich eine mit jedem Arm. Mutter hatte mir mal erzählt, dass Vater uns nie getragen hatte, als wir klein waren.

Jetzt hielt er hingegen mit einer Kraft, die ich ihm gar nicht mehr zugetraut hätte, meine Töchter im Arm und ging mit ihnen zur Bank rüber. Allerdings wirkte er ein wenig empört, weil sie nicht zu weinen aufhörten. Aber als er sich dann mit ihnen zusammen hinsetzte, hatte das Geschrei mit einem Mal ein Ende.

Mir kam in den Sinn, dass es vielleicht etwas mit meiner Mutter zu tun hatte, mit ihrem Schoß, ihrem Holz. An ihrem Bett hatte ich ja auch immer meine Probleme vergessen und zu lächeln begonnen …

Die Krankenschwester nutzte den Moment, um endlich eine verbindliche Antwort von mir zu verlangen. Ich hörte ihr zu, als sie an mich herantrat, beobachtete dabei aber weiter diesen erstaunlichen Moment zwischen meinen Töchtern und meinem Vater.

»Morgen früh muss ich endgültig abreisen«, sagte sie. »Von drei Uhr nachmittags an sind die Schmerzen Ihres Vaters wirklich furchtbar. Sie wissen ja bestimmt, dass sein Arzt auf der anderen Seite des Sees lebt. Er hat mir gesagt, dass Sie sich ruhig an ihn wenden können, wenn Sie mehr Informationen oder Hilfe bei der Suche nach neuem Pflegepersonal brauchen. Wissen Sie denn, wo er wohnt?«

Sie deutete zum gegenüberliegenden Ufer des Sees hinüber. Aber das war mir natürlich längst klar. Wie hätte ich den Arzt dort drüben vergessen sollen? Er war schließlich der einzige im ganzen Landkreis. Ich kannte ihn gut, er war es, der Mutter ohne Erfolg zu retten versucht hatte. Dafür hatte ich ihn immer gehasst.

»Könnten Sie nicht noch ein paar Tage länger bleiben?«, fragte ich. »Geld spielt keine Rolle.«

Diesen Satz hatte ich bis dahin wohl noch nie gesagt, und er klang wirklich anmaßend, ganz falsch und irgendwie schmutzig, so überheblich … Die Schwester schaute mich bereits mit einem gewissen Ekel an, während ich ihn noch aussprach. Deshalb wusste ich schon, was sie jetzt sagen würde, noch bevor sie den Mund aufmachte.

»Um Geld geht es hier doch nicht.«

Ich entschuldigte mich, aber der Schaden war bereits angerichtet.

»Bis morgen Vormittag kann ich bleiben. Wenn Sie möchten, erkläre ich Ihnen noch einmal, was man alles beachten muss. Am simpelsten lässt es sich allerdings so zusammenfassen: einfache Vormittage, schwierige Nachmittage und unmögliche Nächte.«

Ich nickte und dankte der Frau dafür, dass sie mir noch etwas mehr von ihrer Zeit opferte. Mir war klar, dass ich es mir mit ihr verdorben hatte. Man kann eben nicht erwarten, dass nach so einem Satz alles gleich wieder in Butter ist.

Vater saß immer noch mit meinen Töchtern auf dem Arm da, die ganz ruhig waren, als würden sie diesen Mann schon ihr Leben lang kennen.

Er sah mich an und lächelte.

»So langsam sollten wir uns mal auf die Suche nach unserem Drehort machen. Die beiden kannst du gern mitneh-

men, vielleicht kriegen wir durch sie sogar Vergünstigun-
gen.«

Ich nickte. Jetzt wollte ich erst einmal hier verschwinden,
wollte weg von diesem Haus, dieser Frau, dieser Bank …

Ein paar Minuten später saßen wir bereits im Auto, auf
dem Weg zu unserem möglichen Drehort.

Das war alles so absurd. Hier war ich also und bereitete
mit meinen Töchtern und meinem Vater zusammen einen
Film vor …

Jede Familie hat die Feiglinge, die sie sich leisten kann

Vater sagte mir, wo ich hinfahren sollte, nannte eine Straße und eine Hausnummer. Er wusste genau, was ihm als erster Drehort vorschwebte, und ich ließ mich von ihm leiten. Dabei war dieser Ort fast drei Stunden entfernt.

»Und die Mutter?«, fragte er, als die Mädchen eingeschlafen waren.

Dieses Spielchen hatte wirklich etwas Absurdes an sich. Ich deutete auf das Handschuhfach des Wagens, in dem ich den Zeitungsausschnitt aufbewahrte. Bei meinem Gefährt handelte es sich um dasselbe Auto, in dem meine Frau damals verunglückt war, und das Zeugnis ihrer Tat hatte darin seine letzte Ruhestätte gefunden.

Mir wurde klar, dass ich mich vielleicht gar nicht so sehr von Vater unterschied.

Er hatte eine Bank aus Mutters Bett gezimmert, und ich hatte den Unfallwagen meiner Frau komplett wieder aufbauen lassen, wenn auch vielleicht nicht aus denselben Gründen.

Vater öffnete das Handschuhfach. Darin lag der Zeitungsausschnitt, und zwar in einer Pralinenschachtel, die meine Frau immer unter dem Beifahrersitz dabeigehabt hatte. Schokolade hatte sie geliebt, und sie hatte davon jede Menge naschen können, ohne zuzunehmen, die Glückliche!

Er machte die Schachtel auf, die schon ein bisschen ramponiert aussah, und fand darin den Ausschnitt, zusammen mit ein paar kleinen Gegenständen, die meiner Frau gehört hatten, Bruchstücken ihrer Existenz. Vater faltete den Ausschnitt auseinander, der dreimal geknickt war, immer dreimal. Wenn ich den Artikel lesen wollte, musste ich jedes Mal diese drei Bewegungen rückgängig machen. Das war ein kleines Ritual, das ich gar nicht so recht erklären konnte.

Vater faltete das Papier also auseinander und schaute es an, obwohl er seine Bedeutung auf den ersten Blick wohl nicht komplett erfasste.

30 Kilometer Stau wegen eines Verkehrsunfalls mit zwei Todesopfern. Eine Mutter kam zusammen mit ihrer kleinen Tochter ums Leben.

So stand es in dem Artikel. Es war das einzige Mal, dass meine Frau in der Zeitung erwähnt wurde. Sie hatte die Straße damals vier Stunden lang blockiert, es hatte kein Vor und Zurück mehr gegeben.

Ihr Tod hatte so viele Personen ihres Ziels beraubt, und das hätte ihr bestimmt gefallen. Sie hatte nämlich immer gesagt, dass man im Leben mit einer guten Geschichte und guten Argumenten Hunderte von anderen Menschen berühren konnte.

Und das hatte sie nun auf ihre Art und Weise getan ... Vater las immer wieder diese Zeilen und versuchte den Zeitungsausschnitt mit den Knicken zu verstehen.

»Meine Frau«, erklärte ich.

Vater hob die Hand, als wollte er mir sagen, dass er auch ohne weitere Worte verstand. Ich war dankbar, als ich sah, dass er das Papier dann wieder dreimal faltete.

»Wir sind also beide Witwer«, murmelte er.

Ich hätte niemals gedacht, dass meinen Vater und mich eines Tages diese Gemeinsamkeit verbinden würde.

Nach diesem Satz sagte er nichts weiter, sondern verstummte, so wie es die Mädchen auf dem Rücksitz schon lange getan hatten. Ich blieb allein zurück, begleitet nur von drei schlafenden Seelen.

Augenblicklich kehrte ich in Gedanken zu Mutters Tod zurück.

Als sie zu sterben begann, spielten wir vier Brüder gerade Fußball. Angriff und Tor ... Ich gab den Keeper.

Wir hatten schon so lange nicht mehr zusammen gespielt, ich glaube, den ganzen Sommer nicht. Es war verboten gewesen, aber wir hatten eigentlich auch keine Lust dazu gehabt.

Dieser Tag war jedoch besonders heiß, und das Fußballfeld lag ja genau neben dem See. Deshalb wollten wir ein wenig kicken und uns anschließend im Wasser abkühlen.

Wir waren bei unserer Partie so schweißüberströmt, dass uns bei jedem Schuss das Wasser aus allen Poren zu spritzen schien. Deshalb sprangen wir zwischendurch sogar mit Klamotten und Turnschuhen in den See.

In diesem Moment waren wir vier Brüder eine Einheit, standen uns mit einem Mal so nahe …

Schmerz verbindet die Menschen eben. Seitdem bin ich ja ein wenig älter geworden und würde ihn inzwischen sogar als das bezeichnen, was am stärksten vereint.

Ich weiß noch, dass wir an diesem Morgen wirklich viel Spaß hatten … lautes Geschrei, Tore und der See. In diesen Momenten war es fast so, als läge unsere Mutter nicht im Sterben.

Bis dann Vater auftauchte, und zwar in seiner schlimmsten Version.

Er kam auf seinem kleinen Trecker herbei. Im Sommer fuhr er immer mit diesem Minitraktor hin und her und wollte damit wohl verhindern, dass bei der Hitze seine Ideen schmolzen.

Ich habe nie gesehen, dass er den Trecker mal zum Pflügen oder etwas in der Art benutzt hätte. Anders als sonst sauste er an diesem Tag damit herbei. Normalerweise tuckerte er nämlich gemächlich zwischen Zitronenplantagen hindurch. Er fuhr immer langsam, ganz langsam, einen Hut auf dem Kopf und seinen unvermeidlichen Kuli in der Hand … Mutter sagte, dass er dabei nach Ideen suchte.

Von Zeit zu Zeit hielt er dann an und schrieb drei, vier Einfälle in eins seiner kleinen Notizbüchlein. Er mähte mit dem Trecker kein Gras, stattdessen schien er damit Ideen zu ernten.

Als kleines Kind hielt ich Zitronenbäume deshalb für wirklich kreative Pflanzen.

Aber an jenem Tag hatte Vater weder Hut noch Kuli oder Ideen dabei, und er kam in einem Affenzahn auf uns zu. Wir hörten auf zu spielen und starrten zu ihm rüber.

Meine jüngeren Brüder, die Zwillinge, schauten sich immer wieder verblüfft an. Die beiden sprachen nur wenig, sie verständigten sich untereinander nicht mit Worten, sondern hatten eine andere Art von Verbindung.

Sie waren fast fünf Jahre jünger als ich, darum trennten uns in jener Zeit Welten voneinander. Ich hatte nicht das Gefühl, dass ich irgendetwas mit ihnen gemein hatte.

Der Große war nur ein Jahr älter als ich, aber diese Nähe brachte uns auch nichts, weil uns nur Aggressivität verband. Es hatte zwischen uns niemals Flüstern und Vertraulichkeiten gegeben. Stattdessen immer nur Streit, Beleidigungen und Konkurrenzdenken. Ich glaube, der gegenseitige Hass war unsere Form von Respekt.

Als Vater nun auf uns zukam, warfen wir uns grimmige Blicke zu und versuchten, den Grund für die Wut zu verstehen, die wir am Tempo seines Traktors ablasen.

»Bestimmt waren wir beim Spielen zu laut«, überlegte der Älteste.

Das konnte durchaus sein. Vater wollte nicht, dass wir rumschrien, weil Mutter sich ausruhen musste.

»Das glaube ich nicht«, erwiderte ich dennoch.

Ich widersprach ihm einfach gern, und dieses Mal hatte ich auch das Gefühl, dass ich damit Recht behalten würde. Der Bereich des Hauses, in dem Mutter ruhte, lag vom Fußballfeld abgewandt. In windigen Momenten hätten unsere Rufe leise an ihr Ohr dringen können, aber an diesem absolut windstillen Tag war das unmöglich.

»Es liegt bestimmt am Lärm. Ich hab euch doch gesagt, dass wir besser nicht spielen sollten«, sagte der Große, ohne den Blick vom Trecker abzuwenden.

Das war gelogen, schließlich hatte er selbst die Idee mit dem Fußballspielen gehabt, und nicht ich. So lief das bei ihm immer – er würde mich verraten, wenn ich es vorher nicht mit ihm machte.

Unsere Anspannung wuchs. Noch hatte uns der Traktor nicht erreicht; trotzdem wussten wir, dass es für uns kein Entkommen gab.

Einer der Zwillinge schleuderte den Ball weg, als würde das irgendwas bringen. Aber seinem Bruder war er nicht weit genug weg, deshalb trat er noch einmal dagegen.

In diesem Moment erreichte uns Vater, stieg ab und kam auf uns zu.

»Wer hat sie?«

Niemals werde ich seine Stimme und seinen Blick in diesem Moment vergessen, die machten mir wirklich Angst.

»Wer hat was?«, fragte der Älteste, was ein Fehler war.

Vater stürzte sich nämlich auf ihn und verpasste ihm eine Ohrfeige. Er hatte noch nie zuvor einen von uns geschlagen.

»Kein Theater jetzt. Wer hat sie?«

Wenn das überhaupt möglich war, wurde sein Tonfall noch aggressiver, und in seinem Blick stand purer Hass. So kam es mir zumindest vor.

Vielleicht würde ich es heute anders interpretieren.

In all diesen Jahren habe ich viele Erwachsene vor Wut schnauben sehen, und keiner von ihnen hat mir je Angst gemacht. Alle regen sich auf, weil sie etwas von dir verlangen oder brauchen … Liebe, Sex, Arbeit oder Respekt. Man wird laut, weil man eines dieser vier Dinge will oder verloren hat.

Bei Vater wussten wir damals jedoch nicht, worum es ging.

»Wer hat sie?«, polterte er wieder.

Die Zwillinge machten den Mund nicht auf, und der Älteste hatte ja bereits sein Fett wegbekommen. Deshalb war nun ich an der Reihe.

Ich sprach so langsam und ruhig, wie es mir in dieser Situation eben gelang.

»Ich weiß es nicht«, erklärte ich. »Wir wissen nämlich gar nicht, was du meinst. Ich habe jedenfalls nichts weggenommen, sag uns doch einfach, was …«

Er ließ mich nicht ausreden, kam auf mich zu und packte mich am Nacken. Mit ekelerfülltem Blick sah mir Vater in die Augen und sagte: »Feiglinge kann ich nicht ausstehen, also sei jetzt keine Memme! Jede Familie hat die Feiglinge, die sie sich leisten kann. Bist du etwa unserer?«

Er ließ mich nicht los und wartete offenbar auf eine Antwort.

Niemand kam mir zu Hilfe, diese Suppe musste ich wohl allein auslöffeln.

»Bist du unser Feigling?«, fragte er wieder.

Wie ich ihn für diese Frage hasste!

»Nein, bin ich nicht«, antwortete ich ganz leise.

Er ließ mich los, und dann breitete sich Stille aus, die ewig zu dauern schien.

Vater fing an, das Tor zu umrunden. Es hatte den Anschein, als erwartete er, dass schließlich einer von uns gestehen würde, aber wir waren starr vor Angst. Er wollte den Prozess wohl beschleunigen und gab uns deshalb mehr Hinweise, würdigte uns dabei allerdings keines Blickes.

»Irgendjemand hat eurer Mutter die beiden Ringe gestohlen, die sie immer trägt. Der Täter soll sie jetzt augenblicklich herausrücken, dann muss er auch nicht mit noch mehr Fragen oder Strafen rechnen.«

Weiterhin Schweigen.

Wir schauten uns an und wagten es nicht einmal, auch nur zu blinzeln, während wir untereinander nach dem Schuldigen suchten.

Vater sah uns immer noch nicht an, sein Blick war zu Boden gerichtet. Er wollte nur ein Geständnis hören.

Man kann die Atmosphäre, die sich während dieser 20 Minuten aufbaute, nur schwer beschreiben. Keiner bewegte sich auch nur einen Millimeter, wir standen da wie zur Salzsäule erstarrt.

Wahrscheinlich hatten wir so viel Angst, dass wir befürchteten, eine einzige Regung würde uns verraten.

Der Augenblick zog sich endlos hin. Irgendwann schaute Vater auf und sagte:

»Ihr bewegt euch hier keinen Schritt weg, kriegt nichts zu essen und dürft nicht zurück nach Hause. Eure Mutter seht ihr erst dann wieder, wenn diese Ringe aufgetaucht sind.«

Damit verschwand er, er wartete nicht einmal unsere Reaktion ab. Ich sah dem Traktor hinterher und wusste ganz genau, dass Vater es todernst meinte, er bluffte nämlich nie.

Wir schauten uns an und begannen uns langsam zu rühren. Suchten uns ... Spürten uns ...

Einer der Zwillinge holte den Ball und trat mehrmals dagegen, der andere streckte sich im Schatten der Bäume am Wasser aus.

Der große Bruder schlenderte zu einem der Tore rüber, und ich setzte mich da hin, wo ich gerade stand. Oder ich ging vielmehr in die Hocke.

Allzu lange dauerte die Ruhe jedoch nicht, weil bald wieder der Lärm des Treckers erklang. Vater kehrte zurück, und dieses Mal fuhr er noch schneller.

Ohne vom Traktor abzusteigen, brüllte er: »50 Runden um den Platz, dann zehn Minuten Pause und wieder 50 Runden. Und das macht ihr jetzt jede Stunde!«

Der Klang seiner Stimme machte uns Beine. Vater schaute uns dabei zu, wie wir losliefen, und schien unsere Runden um das riesige Fußballfeld zu zählen.

Nach der dritten verschwand er dann wieder. Ich wusste, dass es ein wirklich, wirklich langer Tag werden würde. Und nicht gerade ein einfacher.

»Jetzt musst du die dritte Straße rechts nehmen«, sagte Vater in diesem Moment und holte mich in die Gegenwart zurück.

Mir sprang die doppelte Drei ins Auge.

Doch ich musste mir erst einmal in Erinnerung rufen, mit wem ich da zusammen war und was hier gespielt wurde.

Außerdem bemerkte ich nun, wohin mich Vater mit seiner Wegbeschreibung gelotst hatte, und konnte es kaum fassen. Die Adresse hatte mir nichts gesagt, aber jetzt erkannte ich diesen Ort sofort wieder.

Es lief mir kalt den Rücken herunter.

Wenn er kein guter Vater war, dann müssen wir auch keine guten Söhne sein

Und da waren wir nun. Ich war schon seit vielen Jahren nicht mehr hierher zurückgekehrt und hatte es eigentlich auch nicht vorgehabt.

Vater war vermutlich noch viel länger nicht mehr hier gewesen.

»Wir müssen ganz nach hinten, zu den Pferden und zum Schwimmbad.«

Aber offensichtlich erinnerte er sich noch gut an alles, dabei befand sich das Anwesen fast 400 Kilometer vom See entfernt. Es hatte früher Mutters Familie gehört und war in die Hände ihres ältesten Sohnes übergegangen. Er hatte es als Beinahe-Ruine für wenig Geld gekauft, es alleine wieder aufgebaut und als Gut hergerichtet. Damit wollte er wohl Mutters Wurzeln ehren, den an Ohnmachtsanfällen leidenden Teil der Familie, der dazu verdammt schien, alles zu verlieren. Allerdings hatte ich mir das selbst zusammengereimt, gesprochen hatte ich mit meinem Bruder darüber nie.

Für Vater war das alles Unsinn gewesen. Er hatte es für Verschwendung gehalten, Geld und Zeit in das Anwesen zu stecken, deshalb hatte er bei der Renovierung auch nicht geholfen.

Unser großer Bruder hatte das Gut nicht nur wieder hergerichtet, sondern dort auch mit der Pferdezucht begonnen. Tiere hatte er immer schon gemocht, die Leidenschaft ausgerechnet für Pferde hatte sich allerdings erst später herauskristallisiert. Im Leben spezialisierte sich eben jeder irgendwann, und er hatte sich auf Pferde, Gutshöfe und aufs Draußensein spezialisiert.

Meine Mutter hatte immer gesagt, dass man als Kind das Leben draußen verbringt und es dann von einem bestimmten Alter an auf drinnen verlegen muss, wenn man es zu etwas bringen will. Allerdings hatte sie uns empfohlen, das lieber nicht zu tun.

Und der Älteste hat sich daran gehalten. Nach Mutters Tod blieb er einfach draußen. Vielleicht deshalb, weil es sich dabei um einen der wenigen ihrer Ratschläge handelte, den er im Leben umsetzen konnte.

Mutter hatte uns alle verändert. Allerdings hatten uns ihre Ringe entzweit, und ich sprach ihretwegen nicht mehr mit meinem Bruder.

»Park hier«, befahl mir Vater, als würde das Grundstück ihm gehören.

Sobald das Auto zum Stillstand gekommen war, sprang er aus dem Wagen und rannte wie der Blitz davon. Ich fand es unglaublich, dass er sich noch so schnell bewegen konnte. Aber eigentlich wurde mir das hier alles gerade zu viel.

Vater schien nicht einmal zu ahnen, in welche Situation er sich da brachte. Seine Leidenschaft für jenen Film ohne Drehbuch war wohl größer als alles andere.

Ich holte die Zwillinge aus dem Auto und setzte sie in ihren Doppelkinderwagen. Sie schliefen, und dafür war ich wirklich dankbar. Wären sie wach gewesen, hätten sie nämlich dagegen protestiert, wie Babys behandelt zu werden.

Von einer Weide aus beobachtete uns ein schwarzes Pferd, dessen Wiehern uns schließlich verriet.

»Ich glaube, das ist kein passender Drehort.« Ich versuchte, zu Vater durchzudringen, indem ich eine seiner eigenen Formulierungen benutzte.

Aber er hörte mir gar nicht zu, sondern konzentrierte sich auf seine Aufgabe, nahm alles ganz genau unter die Lupe ... Jetzt ging er zu einem riesigen Swimmingpool neben den Ställen hinüber, wo im Sommer vermutlich die Familie meines Bruders badete.

»Was redest du denn da? Der ist doch perfekt. Hier könnten wir den Anfang drehen ...«

Plötzlich entdeckte ich auf einer Wiese in der Nähe meinen großen Bruder. Er schien aus einem kleinen Wäldchen getreten zu sein, so als würde er dort leben, da draußen.

Als er aus der Ferne zu uns rüberschaute, wirkte es zunächst so, als würde er uns nicht wiedererkennen. Beim Näherkommen zeigte mir seine Miene dann aber deutlich, dass er begriffen hatte.

Ich fand es erstaunlich, wie fassungslos er dreinblickte. Irgendwann sah es sogar kurz aus, als würde er wieder kehrtmachen, aber das tat er dann doch nicht. Er schien Vater sogar noch mehr zu hassen als mich, weil er direkt auf ihn zuhielt. Ich befürchtete einen ziemlich heftigen Zusammenstoß.

Aber zum Glück redete Vater einfach weiter. Er schnitt meinem Bruder das Wort ab, bevor der überhaupt etwas gesagt hatte.

»Hören Sie mal, ich bin Filmregisseur, und das hier ist mein Regieassistent. Wir würden gerne hier drehen. Wenn Sie möchten, kann ich Ihnen die Szene gerne im Detail schildern. Sie ist schlicht und kraftvoll. Natürlich werden wir Sie für Ihre Mühen und Ihren Aufwand angemessen entschädigen.«

Diese Worte hatten den Ältesten, der jetzt mich ansah, völlig aus dem Konzept gebracht. Ich sagte nichts und wollte sehen, wie er damit umgehen würde.

Sein innerer D-Zug aus Hass und Frustration schien sich allerdings auch nicht durch diese merkwürdige und absurde Anrede bremsen zu lassen.

Bevor sein Hass an die Oberfläche stieg, nahm ich ihn beiseite.

»Könnte ich vielleicht kurz unter vier Augen mit Ihnen sprechen?«

»Kümmer du dich mal um das Organisatorische, ich fertige in der Zwischenzeit ein paar Skizzen an«, sagte Vater, der von allem nichts mitbekam.

Er holte eins seiner berühmten Notizbücher hervor und fing an, den Swimmingpool zwischen den Ställen zu zeichnen.

Ich führte meinen Bruder derweil von meinem Vater weg. Der Große kam mir älter vor, irgendwie anders, in jeder Hinsicht präsenter. Sobald wir außer Hörweite waren, ging er auch schon in die Luft.

»Was soll denn das alles? Was habt ihr hier zu suchen?«, brüllte er mich an.

Ich erklärte es ihm, so gut ich konnte, so wie Vater es zuvor mir dargelegt hatte.

Mein Bruder zeigte sich jedoch nicht so verständnisvoll, wie ich gehofft hatte. Er schaute Vater voller Hass und Ekel an.

»Was hast du eigentlich mit dem zu schaffen?«, fragte er wütend, als ich mit meiner Erklärung fertig war.

Für die Antwort brauchte ich einen Moment. Irgendwie wollte ich ihm begreiflich machen, welche Gefühle Sofort und die Frau unseres Zwillingsbruders in mir ausgelöst hatten. Schließlich brachte ich aber nicht mehr hervor als: »Ich weiß auch nicht ... er ist schließlich krank, und ich bin sein Sohn ...«

»Als Mutter krank war, hat er sich nicht wie ein guter Vater benommen. Und wenn er kein guter Vater war, dann müssen wir auch keine guten Söhne sein«, entgegnete mein großer Bruder.

Nun machte sich kurz Stille breit, und ich ahnte schon, was er mich jetzt gleich fragen würde. Das war schließlich der Grund für unser Zerwürfnis gewesen.

Brüder waren ja so vorhersehbar …

Ich hatte schließlich dabei zugesehen, wie bei uns zu Hause jeder seine eigene Persönlichkeit geschneidert hatte … Stück für Stück, Woche für Woche hatte ich diesem Prozess beigewohnt. Aber es passte nicht immer alles perfekt zusammen, und weil ich an der Seite meines großen Bruders gelebt hatte, konnte ich die Nahtstellen gut erkennen.

»Hast du die Ringe gestohlen?« Da stellte er mir also wieder diese Frage. Es kam mir vor, als würde ich in die Vergangenheit, nach Hause, zurückkehren.

Vor vielen Jahren hatte ich ihm dort auf dem Fußballfeld dieselbe Antwort darauf gegeben wie jetzt, wenn auch mit viel mehr Wut.

»Nein, hab ich nicht … ich hab sie nicht genommen.«

Dieses Mal sprach ich die Worte ganz trocken und ohne jede Leidenschaft aus, sie schienen mit den Jahren verdorrt zu sein.

Das Leben konfrontiert uns mit so ähnlichen Situationen, dass unsere Antworten darauf immer leidenschaftsloser werden …

In jenem Sommer war es noch nicht so gewesen. Er hatte mich gefragt, als wir bereits 300 Runden hinter uns hatten, als die Sonne unterging, es dabei aber nicht kühler, sondern nur noch schwüler wurde.

»Hast du sie?«, fragte er damals. »Du warst als Letzter bei ihr.«

»Nein, natürlich nicht!«, antwortete ich in jenem Moment wütend.

Meine Worte waren heftig, zeigten die Wahrheit, meine Wahrheit. Und ich ließ darauf noch einen Stoß gegen seine Brust folgen.

Damit schlug ich ihn zum ersten Mal. Wir hatten uns oft geschubst und beleidigt, waren frech zueinander gewesen, aber niemals wirklich handgreiflich geworden. In dieser Situation hätte er mir jedoch kaum etwas Schlimmeres vorwerfen können. Die Zwillinge gingen nicht dazwischen, die mischten sich nie in unsere Angelegenheiten ein.

Von diesem Punkt an versuchten wir nun vergeblich, den jeweils anderen zu durchsuchen. Viel von unserem Hass hatte mit reiner Müdigkeit zu tun, mit dieser schrecklichen Hitze und dem unheilvollen Gefühl, dass diese Sache kein gutes Ende nehmen würde.

Die Stunden verstrichen ohne Essen oder Wasser, und von Vater keine Spur. Außerdem wollten wir so gerne Mutter sehen, wir waren noch nie so lange von ihr getrennt gewesen.

So ging das fast zwei Tage lang … 48 lange und grauenhafte Stunden, während sich die Anschuldigungen häuften und wir unter furchtbarem Durst und Hunger litten.

Vater erschien jeweils morgens um Punkt zehn Uhr. Er stellte seine Frage, wartete die Antwort ab und ging dann wieder, als sie nicht zu seiner Zufriedenheit ausfiel.

Während jener Stunden wiederholten sich die Diskussionen, Streitigkeiten und Vorwürfe regelmäßig, bis sie uns irgendwann völlig ausgelaugt hatten. Aber keiner von uns gab nach.

Am zweiten Tag wusste der Ältere der Zwillinge dann schließlich, was zu tun war.

»Vielleicht hat in Wirklichkeit ja niemand die Ringe. Ich hab sie zumindest nicht, mein Bruder auch nicht, und ich muss wohl darauf vertrauen, dass ihr sie ebenso wenig genommen habt.«

Der andere Zwilling stand hinter ihm und nickte, so als stamme die Idee von ihnen beiden.

»Tja, das war mir vorher schon klar«, sagte der Älteste.

Die Zwillinge flüsterten kurz miteinander, und dann sprach der andere weiter. Eigentlich wollte der erste ja noch etwas sagen, sein Bruder unterbrach ihn jedoch. »Einer von uns muss wohl gestehen«, erklärte der jüngere Zwilling.

Schweigen breitete sich aus, während wir uns ansahen.

»Irgendwer muss jetzt lügen«, fügte er hinzu. »Ich weiß ja nicht, wie es euch geht, aber ich habe Hunger und Durst. Und ihr doch bestimmt auch, euch knurrt ja schon der Magen.

Irgendeiner sollte also zum Wohle aller gestehen. Und die Strafe verteilen wir dann gerecht unter allen.«

Wieder schauten wir uns an. Das schien der Anfang vom Ende zu sein.

»Und die Ringe?«, sagte ich.

»Wie bitte?«, fragten die Zwillinge wie aus einem Mund.

»Der Geständige müsste Vater doch die Ringe aushändigen, sonst lässt der uns keine Ruhe«, gab ich zu bedenken.

»Tja, da wäre ich mir nicht so sicher«, sagte der Älteste, der mir immer widersprechen musste, und machte sich damit die Idee der Zwillinge zu eigen. »Wenn er einen Schuldigen hat, dann …«

»Auch dann wird er nicht nachgeben«, versetzte ich mit Nachdruck.

Einen Moment sah es so aus, als würden wieder die Streitigkeiten der letzten beiden Tage losgehen, aber da schritt der ältere Zwilling ein.

»Jetzt hört schon auf, bitte! Ich werde einfach gestehen und behaupten, dass ich die Ringe in den See geworfen habe«, erklärte er voller Inbrunst. »Wahrscheinlich schickt er mich dann ins Wasser, damit ich sie suche, und das kann ich auch gerne machen. Aber diese Sache hier muss aufhören, ich will zurück zu Mutter. Sie war doch immer unser Antrieb. Und deshalb sind mir seine Reaktion und die möglichen Konsequenzen auch ziemlich egal. Also, sind wir uns einig?«

Wir starrten ihn mit offenem Mund an. Nicht deshalb, weil seine Worte so logisch und stimmig waren, sondern weil wir hier einen ersten Blick auf den Erwachsenen erhaschen konnten, der er einmal werden würde. Es wundert mich gar nicht, dass er Jahre später diese intelligente Frau geheiratet hat, dass sie sich für ihn entschied.

Aber eine Antwort sprach in jenem Moment niemand aus, weil hinter ihm plötzlich Mutter stand. Sie hätte in keinem besseren Augenblick erscheinen können, es war einfach ein unfassbarer Moment …

Ich wollte mir lieber nicht vorstellen, wie sie es bis zu uns geschafft hatte. Voller Bewunderung schaute sie den älteren Zwilling an und betrachtete dann strahlend vor Glück uns alle.

»Das ist gar nicht nötig. Ihr müsst doch nicht lügen, um mich zu sehen«, flüsterte sie.

Schlagartig veränderte sich die Miene des Zwillings, als er ihre Stimme hörte. Als er herumfuhr, um Mutter ganz fest zu drücken, schloss sich der andere Zwilling seiner Umarmung augenblicklich an.

Der große Bruder und ich hielten hingegen Abstand. Dabei hatten wir auch Lust, dazuzustoßen. Die Reaktion der Zwillinge war jedoch so eindrucksvoll gewesen, dass wir befürchteten, da nicht mithalten zu können.

Dann kam Mutter auf uns zu, und ich wusste schon, was sie jetzt tun würde.

Sie schloss die Hände zu Fäusten. Dann streckte sie eine davon mir entgegen und die andere dem Ältesten.

»Ich hab in jeder Hand ein Lächeln versteckt«, sagte sie. Wir lächelten beide gleichzeitig.

»Nein, nein«, stellte sie klar. »So ein kleines Lächeln ist das nicht, sondern ein strahlendes von Ohr zu Ohr. Greift zu, davon gibt es nicht mehr viele.«

Dann öffnete sie die Hände, und wir begannen wie Idioten zu strahlen. Mutter umarmten uns einen nach dem anderen, nahm sich für jeden viel Zeit.

»Ich hab die Ringe nicht«, murmelte der Älteste an ihrer Schulter.

»Psst«, brachte Mutter ihn zum Schweigen. »Wen interessieren denn schon diese Ringe?«

Dann setzte sie sich hin, weil sie so erschöpft war, und wir ließen uns rund um sie nieder.

»Geht es dir gut, Mutter?«, fragte ich.

Dabei kannte ich die Antwort ja längst. Es war Wahnsinn gewesen, in ihrem Zustand den Weg vom Haus zum See zurückzulegen.

Dennoch nickte sie sanft.

»Ich musste euch einfach sehen. Deshalb bin ich jetzt glücklich, und alles andere ist mir egal.«

Wir rückten näher heran, bildeten einen Kreis um Mutter herum, der das Atmen sichtlich schwerfiel.

»Vater … Vater hat einfach Angst … hört nicht auf ihn. Wenn die Leute Angst haben, dann verhalten sie sich seltsam. Ihr müsst mir versprechen, niemals so viel Angst zu haben, dass ihr euch nicht mehr normal benehmt.«

Der jüngere Zwilling schaute sie an, und wir wussten schon, was er nun sagen würde.

»Aber die hab ich doch jetzt gerade …« Seine Stimme war ganz leise.

Mutter rückte enger an uns heran, und wir konnten die Wärme der anderen spüren, weil unsere zehn Füße ganz nah beisammen waren. Alle wussten, dass Mutter nun ihre letzten Worte sprechen würde. Wir konnten spüren, dass diese Rede ihr Vermächtnis sein würde.

»Stirbst du jetzt?«, fragte der Älteste und störte damit den Respekt, nach dem dieser Moment doch eigentlich verlangte.

Sie schaute ihn an und sagte lange kein Wort.

»Es gibt da ein Gedicht, das ich ganz wunderbar finde«, antwortete sie schließlich. »Darin geht es um die Trennung von den Eltern und wie viele Sachen dann auf einmal passieren. Für die Kinder geht zum ersten Mal die Welt unter. Die Möbel bekommen Schläge ab, werden ein- und wieder ausgeladen. An den Wänden bleiben Rechtecke ohne Bilder zurück …«

Mutter schaute uns an. Der ältere Zwilling sprach als Erster.

»Wenn du stirbst, war es das mit dem Fußball. Dann werden wir nie wieder kicken und rumbrüllen.«

Der kleine Zwilling übernahm das Wort: »Nach deinem Tod werde ich mich anders fühlen. Mir wird das Flüstern an deinem Bett fehlen, die geteilten Geheimnisse … unsere gemeinsame Welt …«

Als ich den Großen anschaute, war klar, dass er dabei nicht mitspielen würde. Aber ich schon.

»Nach deinem Tod wird es kein Lächeln in der Faust mehr geben. Aber vielleicht Gewalt in anderen Fäusten …«

Da ging der Älteste in die Luft, worauf ich eigentlich längst gewartet hatte.

»Kannst du das denn nicht wie normale Leute machen?«, rief er, sprang auf und scherte damit aus unserem Kreis aus. »So wie jede andere Mutter? Musst du uns unbedingt zum Nachdenken zwingen?

Das will ich nicht, ich will bei diesem absurden Spiel nicht mitmachen.

Ich will mir nun wirklich nicht ausmalen, wie mein Leben ohne dich aussehen wird. Das ist doch kein Thema für ein Gedicht.

Du bist schließlich meine Mutter.«

Er verstummte kurz, legte aber gleich wieder los: »Willst du wissen, was wirklich passieren wird, wenn du tot bist? Worte, es werden nichts als Worte bleiben.

Wir werden uns ›Es tut mir ja so leid‹ und ›Herzliches Beileid‹ von Leuten anhören müssen, die dich nicht ein einziges Mal besucht haben.

Und später werden mich bestimmte Sprüche dann mein Leben lang begleiten. ›War es eigentlich hart, so jung seine Mutter zu verlieren?‹, ›Wie bist du damit nur klargekommen?‹

Du wirst dich in Sätze und Wörter im Mund von Fremden verwandeln, die nie zu mir gehört haben … in ein Häuflein Wörter, die ich nicht hören will. Das wird dann von dir bleiben …«

Mutter berührte ihn am Arm und zog ihn wieder zu uns heran, in unseren Kreis.

Jetzt weinte mein großer Bruder, wie ich es noch nie gesehen hatte. Er zitterte am ganzen Körper und stöhnte mit geschlossenen Augen.

Ich habe ja immer gedacht, dass man die Augen entweder aus Schmerz oder aus Lust verbirgt. Wenn man sie komplett schließt, befindet man sich nämlich in seiner eigenen kleinen Welt. Und diese Welt ist so persönlich, dass man darin nicht gestört werden will.

Mutter ließ sich Zeit, bevor sie dem Ältesten schließlich antwortete. Erst einmal liebkoste sie meinen großen Bruder, der am Boden zerstört war. Auch in uns anderen war durch seinen Monolog voller Schmerz etwas zerbrochen.

Vielleicht hatte er ja Recht, und unsere Zukunft würde genau so aussehen, wie er sie beschrieben hatte.

»Euch werden die Worte von Fremden begleiten«, sagte Mutter unserem Bruder dann endlich sanft ins Ohr, »aber auch meine …

Auf dem Weg zu eurem Fußballfeld habe ich meine letzte Energie verbraucht. Das spüre ich.

Aber was sind schon sechs Stunden allein im Bett, wenn ich doch 20 Minuten mit den Meinen verbringen kann, mit meinen Kindern? Da ist mir die Entscheidung nicht schwergefallen.

Und ich fand es draußen auch immer besser als drinnen. Wenn ihr es irgendwie einrichten könnt, dann solltet ihr das Drinnen in eurem Leben vermeiden.«

Sie schaute mich an, und ich begann zu zittern. Ich wusste, dass ich jetzt an der Reihe war, dass sie mir ihr Vermächtnis in Form von Worten anvertrauen würde.

»Es wird mir nie gelingen, deine Leere zu füllen«, sagte sie. »Keins meiner Worte wird dich je trösten können. Aber deine Wut wird dich stark machen. Nutze sie für dich.

Und sei für deinen Vater da, kümmere dich um ihn, wenn seine Kraft nachlässt, du bist der Einzige, der …«

Und genau in diesem Moment, in dem sie gerade mit den Ratschlägen für uns begonnen hatte, holte sie der Tod.

Während sie das Bewusstsein verlor, beteuerte ich immer wieder, dass ich ihre Bitte erfüllen würde.

»Ich werde mich um ihn kümmern. Versprochen. Ich werde für ihn da sein.«

Ich konnte einfach nicht mit dem Schluchzen aufhören, weil ich sie so gern bei mir behalten wollte. Wir brauchten doch noch diese Sätze von ihr, ihre Ratschläge, um ohne sie weiterleben zu können …

Eigentlich hatten wir alle gehofft, dass die Ohnmacht wieder nur 90 Sekunden dauern und Mutter dann zu uns zurückkehren würde. Als sie es nicht tat, schrien und heulten wir … 90 Sekunden verstrichen, und dann weitere 90. Mutter kam nicht zurück, aber wir saßen um sie herum und warteten auf ein Wunder.

Wir waren am Boden zerstört und vollkommen starr vor Angst. Nun waren wir Waisenkinder, denn Mutter war gestorben, und wir fanden den Abschied von ihr viel zu abrupt.

Hier lag sie nun, mitten auf dem Fußballfeld …

Meine Brüder packten sie und trugen sie zum Haus hinüber, während ich in den See sprang. Ich wollte zum Arzt hinüberschwimmen.

Das war eine blöde, völlig verrückte Idee. Ich warf mich auf der Suche nach einer Lösung in die Fluten, obwohl es ja längst kein Problem mehr gab.

Irgendwie schienen die anderen das akzeptieren zu können, und Mutter zurückzutragen war dabei wohl ein erster kleiner Schritt.

Aber wie auch immer wir darauf reagierten – sie war tot, und Vater hatte uns daran gehindert, uns angemessen von ihr zu verabschieden.

Allerdings war nicht nur er daran schuld, sondern auch derjenige, der die beiden Ringe gestohlen hatte.

Im Laufe der Jahre sollte dieses Thema immer wieder in unserem Leben auftauchen … Wir wollten wissen, wer die Schmuckstücke an sich genommen hatte, wer durch seine Lüge verhindert hatte, dass wir mehr Zeit mit Mutter verbringen konnten. Es war ein echtes Familiendrama, oder eher ein Drama unter Brüdern.

Vater fragte uns nicht noch einmal danach, tatsächlich war er von diesem Tag an eigentlich nicht mehr derselbe.

Er ließ Mutter einäschern. Ihr Bett zerschlug er, um aus seinem Holz diese verdammte Bank zu bauen, und dann sprach er nie wieder über Mutter.

Er drehte auch keinen einzigen Film mehr und übernahm in der Familie nicht das Ruder.

Man konnte im Prinzip sagen, dass wir am Todestag unserer Mutter auch unseren Vater verloren.

Und nicht nur wir, sondern genauso das Kino. Er hat nie wieder als Regisseur gearbeitet oder ein Drehbuch geschrieben, ja, er hat sich keinen einzigen Film mehr angeschaut.

Letzteres weiß ich aber nicht ganz genau, weil wir vier Brüder zu Hause auszogen, sobald wir konnten – sei es, weil sich dem einen oder anderen von uns eine einmalige Gelegenheit bot, die er nutzen wollte, oder sei es, um einfach diesem Haus zu entkommen.

Mutters Tod hatte also so einige Nebenwirkungen. Vielleicht war die Liebe gar nicht so groß, das Jobangebot gar nicht so toll. Aber aus unserem Elternhaus auszuziehen war für uns einfach zum Lebensziel geworden.

Dort erinnerte eben alles an Mutter, deshalb fiel uns das Bleiben schwer. Außerdem wurde unser Hass auf Vater wegen seiner Strafe an Mutters Todestag immer größer.

Ich war der Einzige, dem Mutter eine Bitte als Vermächtnis hinterlassen hatte. Nur ich hatte ihr versprochen, mich um Vater zu kümmern, dennoch ging ich ironischerweise als Erster.

Jahre später blickte ich nun in das Gesicht meines vom Hass dominierten großen Bruders. Und dieser Hass hatte seinen Ursprung in der Suche nach dem Schuldigen.

»Die Zwillinge haben noch auf dem Sterbebett beteuert, dass sie die Ringe nicht genommen haben«, sagte er nun.

Also wieder die alte Leier.

»Ja, und?«

»Das hätten sie sonst doch sicher zugegeben. Warum hätten sie so ein Geheimnis mit ins Grab nehmen sollen? Warst du es also?«

Ich verstand ihn ja. Auf der Weide traten drei Pferde näher an den Zaun heran, so als warteten sie auf mein Geständnis.

Vater war in einiger Entfernung mit seiner Skizze beschäftigt, und ich hasste es einfach, schon wieder in dieser Situation zu stecken.

»Die Zwillinge hätten schließlich auch lügen können, oder?«

»Und warum hätten sie das tun sollen?«

»Ich weiß auch nicht … Mutter hat doch gesagt, dass wir die Sache mit den Ringen vergessen sollen. Vielleicht warst du es ja, hm?«

Er packte mich am Hals, was die Pferde erschreckte. Ich hatte beinahe vergessen, dass ein älterer Bruder immer mehr Kraft hat als man selbst.

»Ich hab sie nicht genommen. Also wissen wir ja, wer es war«, versetzte er.

Als er mich losließ, trat ich einen Schritt von ihm weg, weil ich jetzt direkt ein bisschen Angst vor ihm hatte.

»Ich weiß wirklich nicht, wie ich dich vom Gegenteil überzeugen soll«, entgegnete ich.

Da fingen meine Zwillinge, die ich fast vergessen hatte, zu weinen an.

»Hilf ihm«, bat ich. »Hilf Vater, wir haben es Mutter doch versprochen. Ihm bleibt fast nichts mehr, und er ist so verloren. Sag ihm doch, dass du ihn hier drehen lässt …«

Ich konnte den Blick meines Bruders – wässrig und ein wenig undurchsichtig – nicht deuten.

»*Du* hast ihr das versprochen. Schließlich warst du der Einzige, zu dem sie noch etwas sagen konnte.«

Jetzt wandte er sich an Vater, ging auf ihn zu.

»He, Sie!«, rief er. »Kommen Sie mal her!«

Vater drehte sich um und kam dann ganz ruhig zu uns rüber. Er schaute meinen Bruder an, der den Blick jedoch nicht erwiderte. Ich ahnte schon, was der Älteste jetzt tun würde.

Vater hingegen war völlig ahnungslos.

»Seid ihr euch einig geworden? Können wir hier drehen?«, fragte er.

Dann deutete er auf einen Jungen, der hinter einem Zaun ein Pferd versorgte. Es war der achtjährige Sohn meines Bruders. Wie sehr er ihm ähnelte!

»Glauben Sie vielleicht, dass dieser Junge, der das Pferd da striegelt, gern als Schauspieler mitwirken würde? Der wäre als Hauptdarsteller ideal …«

Dieser Satz brachte das Fass wohl zum Überlaufen, und mein Bruder dröhnte: »Runter von meinem Grundstück! Du bist ein verdammter Mistkerl und wirst es immer bleiben! Vielleicht erinnerst du dich selbst an nichts mehr, wir anderen aber schon …«

Vater reagierte nicht, vermutlich kapierte er überhaupt nichts.

Und da gab ihm mein großer Bruder jene Ohrfeige zurück, die er vor Jahren von ihm bekommen hatte.

Es war schmerzhaft, dabei zuzusehen. Wenn man bei einem anderen Menschen Zeuge von so viel Hass wird, stellt man seinen eigenen in Frage.

Vater machte gar nichts, er reagierte nicht, was für mich am schlimmsten war. Mein Bruder sagte nichts mehr. Er setzte sich wutschnaubend in Bewegung, rief laut nach seinem Sohn, und dann verschwanden beide. Mir kam es sogar so vor, als würden selbst die Pferde ein wenig von uns abrücken.

Vater sprach kein Wort, und ich sagte auch nichts. Mir war nicht klar, ob er überhaupt begriffen hatte, was da gerade passiert war. Dass er keinen Schmerz, keine Reaktion zeigte, wühlte mich auf.

Allerdings stieg er enttäuscht und angeschlagen ins Auto, so als hätte man ihm gerade etwas Lebensnotwendiges entrissen.

Mein großer Bruder hatte hier einen Moment der Schwäche ausgenutzt. Vater war früher nicht verletzlich gewesen, weil er nie für irgendetwas so viel Begeisterung gezeigt hatte, dass man es ihm hätte wegnehmen wollen.

Seit Mutters Tod schien ihn ja nichts mehr zu interessieren. Aber dieser Mann hier an meiner Seite war nicht mehr Vater, und deshalb erfüllten ihn Dinge mit Freude und Hoffnung.

Während der gesamten Rückfahrt sprach mein Vater kein Wort.

Nach einer halben Stunde begann er allerdings zu zittern. Oder es knackte vielmehr seine linke Hand.

Und in diesem Moment bemerkte ich seinen Tick.

Es war schmerzhaft, das mit anzusehen. So wie Sofort mir erklärt hatte, renkte sich der Zeigefinger selbst mehrmals aus und wieder ein. Vaters sonst so sorgfältig verborgenes Zucken trat jetzt ganz offen zutage.

Vielleicht reagierte sein Verstand nicht auf das, was mein Bruder da gebrüllt hatte, sein Körper jedoch schon.

Nach und nach verwandelte sich dieser Tick in ein Zittern, und dann stieß Vater leise Schmerzenslaute aus.

Als wir schließlich sein Haus erreichten, brüllte er längst vor sich hin. Die Mädchen hatten es mit der Angst zu tun bekommen und weinten im Hintergrund.

So vermischte sich das Wehklagen von Jung und Alt, und ich wusste bei beiden nicht, wie ich sie trösten sollte.

Während ich Vater zur Veranda brachte, bemerkte ich, dass zum Schmerz und den Schreien nun auch noch Krämpfe und kalter Schweiß hinzugekommen waren.

Zum Glück war die Krankenschwester noch da, die ihn jetzt in Empfang nahm und auf sein Zimmer brachte.

»Ich habe Ihnen ja gesagt, dass die Nachmittage schlimm sind. Und warten Sie nur erst die Nacht ab …«

Ich wollte nicht bleiben, das war das Letzte, wonach mir in diesem Moment der Sinn stand. Trotzdem tat ich es, das musste ich einfach. Vor dem Pferdestall meines Bruders war ich nicht für Vater dagewesen, hatte ihn nicht verteidigt. Mutter wäre wohl kaum stolz auf mich gewesen …

Die Zwillinge legte ich im Arbeitszimmer meines Vaters schlafen, weil dieser Raum am weitesten von seinem Schlafzimmer entfernt war. Sie sollten ihn nicht leiden hören.

Dann stellte ich mich auf den Rest des Nachmittags ein. Es war ja erst fünf Uhr. Die Krankenschwester hatte alles im Griff und kümmerte sich jetzt unermüdlich um Vater. Trotzdem waren die nächsten Stunden qualvoll für mich.

Sie waren schmerzhaft für Vater, der alles am eigenen Leib erlebte, für die Krankenschwester, die ihn versorgte, und selbst für mich, der ich doch gar nichts machte und nur zusah.

Den ganzen Schmerz möchte ich hier lieber nicht beschreiben, all die Einzelheiten, die eigentlich zu viel für mich waren. Ich sehnte mich einfach nur nach dem Morgen, nach dem nächsten Tag. Es sollte endlich der Mann zurückkehren, der in ein paar Tagen mit dem Dreh eines Films beginnen wollte.

Als er schließlich einschlief, hatte ich keinen Zweifel mehr daran, wie grauenhaft seine Abende wirklich waren, was er alles ertragen musste. Und dabei konnte ich mir nicht einmal vorstellen, wie die Nächte erst werden würden.

Allerdings war ich mir auch nicht sicher, ob das nun ein normaler Nachmittag gewesen war oder ob mein Bruder mit seinen Vorwürfen und der Ohrfeige alles noch schlimmer gemacht hatte. Klar war mir hingegen, was nun zu tun war.

Dieser Film gehörte zu den wenigen Dingen, die Vater mit einer Welt ohne Schmerzen verbanden.

Es war die einzige wirksame Medizin, und ich würde dafür sorgen, dass er noch mehr davon bekam.

Dabei konnte ich gar nicht so recht sagen, warum ich das eigentlich tat. Vielleicht hatte mein Bruder ja Recht, wenn er mich fragte, was ich eigentlich mit unserem Vater noch zu schaffen hatte, aber dieser zweite Besuch hatte mich verändert.

Der Hass meines Bruders hatte meinen eigenen besänftigt.

Leben,
das du zurückbekommst

Als ich ins Arbeitszimmer zurückkehrte, war es draußen noch nicht einmal dunkel, aber die Zwillinge schliefen bereits. Ich griff nach Soforts Liste und rief einen nach dem anderen die Mitarbeiter von Vaters erstem Film an.

Das waren keine einfachen Telefonate, vielleicht sogar die schwierigsten meines Lebens.

Es war hart, den Zustand meines Vaters ein ums andere Mal zu schildern und damit wieder zu durchleben. Das lag nicht so sehr am Inhalt meiner Worte, sondern vielmehr am Schweigen meiner Gesprächspartner, daran, wie sie die Nachricht aufnahmen.

Ich bestellte sie für Montagmorgen zum Gestüt meines Bruders. Dabei war mir ja selbst nicht klar, wozu genau, ich wusste nicht, was Vater da eigentlich filmen wollte. Aber ich wollte ihm alle Mittel zur Verfügung stellen, damit er schließlich genau das machen konnte, was ihm in den Sinn kam.

Wenn er sein Team, seine Leute zur Seite hatte, dann würde er sich vielleicht auch auszudrücken wissen.

Alle sagten Ja. Ich fand es unglaublich, welche Liebe sie meinem Vater, ihrem Gott, entgegenbrachten. Es hörte sich fast an, als wären sie ihm etwas schuldig.

Wir Kinder hassten ihn, seine Filmfamilie hingegen hätte alles für ihn getan. Unter den 36 Personen, die zusagten, befanden sich sein üblicher Kameramann, Techniker, Bühnenbildner, Maskenbildner, Friseurinnen, sein Lieblingsschauspieler … Ich fand es einfach unglaublich, aber es lebten noch alle, so als hätten sie auf ihn gewartet.

Viele hatten schon seit Jahren nicht mehr mit Vater gesprochen, weil sie seine Festnetznummer nicht hatten. Ein Handy besaß Vater nicht, an diese Dinger glaubte er nicht. Er hatte immer gesagt, dass ihn die Leute nicht mehr zu schätzen wüssten, wenn er so leicht zu erreichen wäre.

Ich glaube ja, dass es eher umgekehrt war. Er genoss die Tatsache, dass er nur schwer auffindbar war. Als Kind habe ich mich immer gefragt, in welchem Land er sich wohl gerade befand und was er dort drehte.

Nach dem letzten Anruf trat ich aus dem Haus, weil ich ganz benommen war und ein bisschen frische Luft brauchte.

Dann schlenderte ich zur Mitte des Fußballfeldes hinüber, das ich seit jenem schicksalhaften Tag nie wieder betreten hatte. Auch Fußball hatten wir nicht noch einmal gespielt.

Damals hatten wir in der Mitte der Wiese den Ball begraben, und diese Stelle berührte ich nun. Ich wagte es nicht, in der Erde herumzuwühlen, war mir aber dessen bewusst, dass dieser Ball nun hier unter mir ruhte.

Dann atmete ich tief durch, weil ich jetzt Sauerstoff brauchte. So richtig klar war mir nicht, warum ich das alles machte.

Ich ließ mich mitten auf der Wiese nieder und schaute zum See hinüber. Schon lange hatte ich kein so klares Ziel mehr vor Augen gehabt.

Das letzte Mal war es wohl so gewesen, als die jüngere meiner Töchter verschwunden war. Hatte ich euch bereits erzählt, dass ich sie nach dem Tod meiner Frau im Krankenhaus nicht gefunden hatte? Ja, ich glaube schon.

Damals wäre ich fast verrückt geworden. Ich konnte weder um meine Frau trauern noch mich um meine ältere Tochter kümmern. Die nahm ich mit und machte mich unverzüglich auf den Weg zum Unfallort. Wenn die Kleine nicht im Krankenhaus war, dann musste sie dort sein. Da war ich mir ganz sicher.

Als ich im Krankenhaus mit der Großen aufbrach, stieß sie ein kleines »Tumm« aus, so als wollte sie sagen: »Was macht der denn da?«

Die Polizei brachte mich zur Unfallstelle, und es war das letzte Mal, dass ich diese Straße entlangfuhr. Ich erinnere mich noch genau daran, wie ich ankam und an der Stelle ausstieg, an der ein paar Stunden zuvor der Wagen meiner Frau gegen die Leitplanke geschleudert worden war.

Am Boden lagen noch Splitter von den Scheinwerfern. Ich musste daran denken, dass ich im dunklen Kino gesessen hatte, als alles passiert war.

Weil ich auf keinen Fall wollte, dass meine Tochter hier den Boden berührte, trug ich sie die ganze Zeit. Mit ihr auf dem Arm setzte ich mich auf den Bordstein, dort, wo man den Wagen gefunden hatte. Ich glaube, ich wartete irgendwie auf ein Zeichen, wollte in der Ferne das leise »Tumm« des anderen Zwillings hören.

»Wir haben schon überall gesucht. Mit drei Brigaden«, erklärte einer der Polizisten. Aber was er da sagte, interessierte mich nicht.

Vor der Unfallstelle hatte ich mir noch kurz im Fahrzeugdepot der Polizei das Auto angesehen, das einen Totalschaden hatte. Aber vom anderen Zwilling war auch dort keine Spur gewesen.

Deshalb hatte ich mir in den Kopf gesetzt, dass ich den Ort des Geschehens persönlich besuchen musste. Alles andere ergab für mich keinen Sinn, auch wenn die Polizei es wohl nicht so sah.

Aber ich hatte eindeutig das Gefühl, dass die Kleine dort irgendwo sein musste. Wenn sie nicht zu weinen aufhörten, hatte meine Frau die beiden Mädchen manchmal voneinander getrennt und eine von ihnen auf den Vordersitz gepackt.

Der Gesichtsausdruck des Polizisten zeugte von seinem Unverständnis darüber, was ich hier wollte. Vermutlich hielt er mich für einen Vater, der einfach den Tod seiner Tochter nicht verkraften konnte oder plötzlich glaubte, dass er Zwillinge hatte.

»Wir haben die ganze Gegend abgesucht, das können Sie mir glauben …«

Aber ich hörte ihm gar nicht zu. Manche Menschen auf dieser Welt sind Experten darin, die Hoffnung anderer zu zerstören. Das machen die ganz systematisch.

Mit der Großen im Arm lief ich am Rand der Straße entlang. Dabei hoffte ich nicht nur, irgendetwas zu finden, sondern wollte vor allem von diesem Mann weg.

Von weitem sahen wir vermutlich sogar ganz lustig aus, weil mir drei Polizisten in einiger Entfernung folgten. Aber das waren die furchtbarsten Minuten meines Lebens.

Plötzlich drehte ich mich um und bewegte mich in die entgegengesetzte Richtung. Ich hatte mir überlegt, dass die Kleine vielleicht aus irgendeinem Grund nach hinten anstatt nach vorne geschleudert worden sein könnte.

Der Polizist, der so viel redete, schien gleich zu verstehen, was mir da durch den Kopf ging. Er holte ein paar Fotos aus einer Mappe, die er dabeihatte, und zeigte sie mir.

»Die Scheiben des Wagens sind intakt. Sowohl die Windschutz- als auch die Heckscheibe ... und alle Seitenfenster.«

Ich wollte mich nicht drängen lassen und brachte ihn deshalb mit einer Geste zum Schweigen. Aber ich griff nach einer der Aufnahmen und schaute sie mir an.

Tatsächlich waren darauf keine Glasscherben zu entdecken, nur die Splitter der Scheinwerfer, was zu dem passte, was ich eben im Fahrzeugdepot gesehen hatte. Das hatte ich ganz vergessen. Also musste ich nun nach einer anderen Möglichkeit suchen.

Da entdeckte ich, dass auf der Beifahrerseite das Fenster heruntergekurbelt war.

»Und wenn sie seitlich durch das offene Fenster geflogen ist?«, fragte ich und deutete auf das Foto.

Der redselige Polizist betrachtete das Bild. Weil ihm dieses Detail vorher entgangen zu sein schien, rief er jetzt einen Experten dazu. Mir kam dieser Mann kompetent vor, der Polizeibeamte schien seine Worte nur nachzuplappern.

Der Fachmann war ruhiger und betrachtete erst einmal das Foto.

»Die Flugbahn des Objekts …« Er schaute mich an und bemerkte seinen Fehler. »Die Flugbahn eines sich möglicherweise auf dem Beifahrersitz befindlichen Babys wäre niemals seitlich verlaufen, sondern nach vorne …«

Nach dieser trockenen, kalten Analyse gab er mir das Foto wieder und zog sich zurück.

Ich guckte mir das Bild noch einmal an. Vermutlich hatte er Recht.

Dann setzte ich mich wieder auf den Boden. Und plötzlich war für mich alles klar … Bestimmt war die Kleine gar nicht mit im Auto gewesen; vielleicht hatte meine Frau sie bei irgendwem gelassen. Eventuell hatte sie sich nicht wohlgefühlt und deshalb eins der Mädchen einer Freundin anvertraut. Bestimmt hatte sie mich noch anrufen wollen, damit ich die Kleine abholte.

Ich griff nach meinem Handy, in dem die Nummern ihrer drei besten Freundinnen gespeichert waren.

Aber als die Erste von ihnen ranging, legte ich auf. Mir war gerade klar geworden, dass ich ihr jetzt alles erklären musste, und das konnte ich einfach nicht.

Sofort begann das Telefon zu klingeln. Ihre Freundin rief zurück, ich nahm aber nicht ab. Ich dachte nach, atmete tief durch …

Und genauso atmete ich auch Jahre später in der Mitte des Fußballfelds, als ich an jenen Moment zurückdachte. Die Erinnerung daran, an einen der wenigen Momente meines Erwachsenenlebens, in denen ich mich völlig hilflos gefühlt hatte, brachte mich zum Weinen.

Aber am Tag des Unfalls wusste ich dort auf der Straße, dass ich diese Gespräche jetzt hinter mich bringen und dabei lügen musste. Es war in diesem Moment das Richtige. Verrückt, dass eine Lüge das Richtige sein konnte …

Ich wählte die Nummern der drei Freundinnen und log sie an, während auf den vier Fahrstreifen Hunderte von Autos an uns vorbeirollten und die drei Polizisten mich bei meinen oberflächlichen Unterhaltungen mit großen Augen anstarrten.

Während der Telefonate sprach ich darüber, dass wir uns bald wieder mal verabreden sollten, über den Film, den ich gesehen hatte … Es handelte sich also quasi um die Unterhaltung, die wir an einem normalen Abend geführt hätten. Wenn alles gut gewesen wäre …

Jedes Telefonat dauerte eine Viertelstunde. Das waren schwierige, komplizierte Anrufe voller Lügen. Ich fühlte mich dabei schrecklich, aber in diesem Moment konnte ja noch nicht einmal ich akzeptieren, dass meine Frau tot war. Wie sollte ich das dann von einem anderen Menschen verlangen?

Am Ende der Unterhaltung fragte ich dann ganz beiläufig nach meiner Frau und meinen Töchtern, so als hätte es keine große Bedeutung. Ich erkundigte mich bei meiner Gesprächspartnerin, ob sie die drei vielleicht gesehen hatte, weil meine Frau nicht ans Handy ging. Während der Sekunden bis zur Antwort bekam ich eine Gänsehaut. Alles in mir verzehrte sich nach einem Ja.

Drei Gespräche mit ihren drei besten Freundinnen, dreimal Schweigen, gefolgt von einem Nein. Niemand hatte meine Frau an diesem Tag gesehen. Die Gespräche danach zu Ende zu bringen war einfach, das erledigte ich schnell und emotionslos, schob eine Ausrede vor und legte auf.

Als ich den Freundinnen meiner Frau Tage später auf dem Friedhof begegnete, sahen sie mich merkwürdig an, als versuchten sie irgendetwas zu begreifen. Aber ich klärte die ganze Sache nie.

Am Straßenrand rief ich nun noch weitere Freunde an, die meiner Frau weniger nahe gestanden hatten. Ich konnte mir zwar nicht vorstellen, dass sie die Kleine bei einem von ihnen gelassen hatte, probieren musste ich es aber auf jeden Fall.

Mit jedem Anruf und jedem Verneinen der Bekannten blieben mir weniger Möglichkeiten, und so langsam baute ich sowohl emotional als auch körperlich ab.

Draußen wurde es inzwischen dunkel, auch die Polizisten waren müde, und es fuhren längst nicht mehr so viele Autos vorbei. Der Verkehr war im selben Rhythmus geringer geworden wie meine Hoffnungen.

Niemand sprach mich an, das wagte keiner. Und ich tätigte immer neue Anrufe. Dabei hatte ich jedes Mal weniger Hoffnung.

Manche dieser Leute hatte ich schon seit Jahren nicht mehr gesehen.

Als dann langsam die Dunkelheit hereinbrach, kam mir eine Idee. Ich hatte mir noch gar nicht die Chatnachrichten des kostenlosen Anbieters angeschaut, den meine Frau immer benutzt hatte. Bestimmt hatte sie mir in einer dieser Nachrichten erklärt, wo sie den anderen Zwilling untergebracht hatte. Die Lösung würde von ihr selbst kommen.

Als ich das Programm öffnete, fand ich tatsächlich eine ungelesene Nachricht mit ihrem Namen.

Ich machte sie ganz langsam auf, als hoffte ich auf einen göttlichen Fingerzeig.

Die Polizisten traten näher, weil meine Körperhaltung zu verraten schien, dass es etwas Neues gab.

Das war meine letzte Hoffnung. Die Nachricht lautete:

Ich komme 15 Minuten später, ich liebe dich.

Ihre letzten Worte, ihr Epitaph.

Nun stellte ich mir die Situation vor. Wie meine Frau aufs Gas trat und versuchte, die verlorene Zeit aufzuholen, um noch vor mir das Restaurant in der Nähe des Kinos zu erreichen.

Auch wenn ich wusste, dass niemand meine Worte lesen würde, war es mir einfach ein Bedürfnis, auf diese Nachricht zu antworten.

Das macht doch nichts, ich liebe dich auch.

Das war meine Art und Weise, mich von ihr zu verabschieden. Dabei ließ ich mir mit jedem einzelnen Buchstaben Zeit, berührte die Tasten ganz langsam, weil das alles zu meinem Abschied dazugehörte.

Als ich fertig war, stand ich auf, setzte zum Gehen an und drückte endlich auf »Senden« …

Ich wollte mit meiner tief und fest schlafenden Tochter im Arm schon aufbrechen, da ertönte plötzlich dieses Horn.

Dieses nervige Hörnerblasen, mit dem das Handy meiner Frau über eingehende Nachrichten informierte. Sie hatte das immer toll gefunden, weil es ihr so mittelalterlich und prunkvoll erschienen war.

Die Polizisten schauten sich an und durchsuchten ihre Taschen, um auszuschließen, dass dieses Signal von einem ihrer Telefone stammte.

»Haben Sie das Handy meiner Frau gefunden?«, fragte ich.

Alle schüttelten den Kopf. Ich kopierte meine letzte Nachricht und verschickte sie noch einmal.

Das macht doch nichts, ich liebe dich auch.

Wieder ertönte das Horn. Immer und immer wieder schickte ich meiner Frau nun dieselbe Nachricht, versendete mein persönliches SOS.

Und mit jedem Hörnerblasen konnte ich mich ihrem Handy ein kleines bisschen mehr nähern.

Ich wusste ja, dass es nicht mein zweiter Zwilling war, den ich da hörte. Aber ich dachte, ein aus dem Auto geschleuderter Gegenstand könnte für die Suche nach meiner Tochter vielleicht wichtige Hinweise geben.

Nach der achten oder neunten Nachricht wurde die Sache dann zunehmend schwieriger, weil mich die Hörnersignaltöne eindeutig zu verwirren begannen. Erst hatte ich das Gefühl, dass sie aus einer bestimmten Richtung kamen, beim nächsten Mal dann aber aus der genau entgegengesetzten …

Die Polizisten griffen nicht ein, ihnen war wohl klar, dass ich das alleine hinkriegen musste. Und dafür war ich ihnen dankbar.

Als ich das Handy schließlich fand, hatte ich bereits ganze 23 Nachrichten verschickt. Es lag fast 50 Meter von dem Punkt entfernt, an dem ich meiner Frau zum ersten Mal geschrieben hatte. Deshalb hatte ich wirklich Glück gehabt, obwohl die günstige Windrichtung und der auffällige Signalton des Handys meiner Frau natürlich hilfreich gewesen waren.

Und da lag es nun in dem kleinen Wäldchen direkt an der Straße. Neben einer Kiefer, deren Äste sich wie verrückt in alle Richtungen verzweigten.

Dort entdeckte ich am Boden ihr malträtiertes Handy mit zersplitterter Hülle. Noch ein weiteres Mal schickte ich die Nachricht los:

Das macht doch nichts, ich liebe dich auch.

Der letzte Hörnerklang erinnerte an einen Hilfeschrei.

Ich hob das Handy auf, als hätte ich da ein Stück von mir selbst entdeckt. In diesem Moment wurde die Große auf meinem Arm wach und fing an, laut »Tumm!« vor sich hin zu quieken. Es war ein schrilles »Tumm!«, und sie deutete dabei immer wieder auf das Handy.

Ich wusste nicht, ob sie mir damit sagen wollte, dass es ihrer Mutter gehörte oder ob ich es ihrer Meinung nach lieber nicht anfassen sollte, weil es ganz zersplittert war.

Aber ihr »Tumm!« hörte nicht wieder auf, es wurde sogar noch lauter.

Immer wieder wies sie auf das Telefon, bis ... bis ... bis ich irgendwann bemerkte, dass sie in Wirklichkeit gar nicht das Handy meinte. Als ich es zur Seite nahm, deutete sie nämlich immer noch in dieselbe Richtung. Sie zeigte mir nicht das Telefon, sondern vielmehr irgendetwas dahinter ...

Als ich in diese Richtung blickte, entdeckte ich ein paar Meter weiter am Boden den anderen Zwilling. In eine Decke aus Blättern gehüllt lag dort auf dem Bauch die Kleine.

Als ich sie umdrehte, atmete sie schwer und hatte im Gesicht drei kleine Schnitte, die sie irgendwie indianisch aussehen ließen.

Ich schloss sie in die Arme, und nach ein paar Minuten erklang ihr leises »Tumm!« dann bereits im Einklang mit dem ihrer Schwester.

Mitten auf dem Fußballplatz weinte ich jetzt wieder genauso heftig wie damals in jenem Wäldchen, in dem ich meine Tochter wiedergefunden hatte.

Ich weiß nicht, ob meine Frau die Jüngere von den Zwillingen vielleicht auf dem Schoß hatte oder wie der Unfall sonst abgelaufen sein musste, damit die Kleine an dieser Stelle landete.

Aber dieser Moment war einfach ein Geschenk; man hatte mir hier Leben zurückgegeben. Genauso war es: Ich hatte Leben zurückbekommen, das ich bereits für verloren gehalten hatte.

Die Kleine wurde ausgiebig untersucht, aber ihr fehlte nichts Schlimmes, sie hatte nur diese drei Schnitte im Gesicht. Und die würden nun ewig ein Teil ihrer Kindheitstraumata sein.

Ich holte noch einmal tief Luft und berührte das Zentrum des Fußballfeldes. In gewisser Hinsicht streifte ich damit den Ball und machte mich dann dafür bereit, etwas zu ändern. Das musste ich jetzt einfach.

In dieser Nacht würde ich mich von meinen Kindheitstraumata befreien ... von den Narben in meiner Speiseröhre, die von innen an mir nagten.

Adoptieren
ist typisch Mutter

Auf dem Rückweg zum Haus der Frau meines Bruders war es bereits dunkel, und dafür war ich dankbar. Sie war schon zu Hause und kümmerte sich gern wieder um die Zwillinge. Ohne Fragen zu stellen, nahm sie die beiden entgegen und ließ mich tun, was ich jetzt tun musste.

Als Erstes ging ich in den Keller runter, um dort die Sachen meines anderen Zwillingsbruders zu durchsuchen. Der Kleine war nur wenige Monate nach dem Großen gestorben. Und meine Schwägerin hatte beide gepflegt. Mutters Vermächtnis holte uns eben alle irgendwann ein.

Ich hatte zu meinen Zwillingsbrüdern nie eine enge Beziehung, das habe ich ja schon erzählt. Allerdings habe ich wohl noch nicht erwähnt, dass der andere Zwilling nicht so ganz der Zwillingsbruder meines Bruders war. Kein Bruder im Blute. Mutter hatte ihn nämlich adoptiert.

Adoptieren, das war typisch Mutter.

Mutter hatte den letzten ihrer Söhne nämlich am selben Tag zur Welt gebracht wie eine fremde Frau auf der Durchreise. Diese Unbekannte war im Ort vor der Geburt noch nie gesehen worden und tauchte auch später nie wieder auf.

Den Ärzten zufolge war ihr Kind mit einer geistigen Behinderung zur Welt gekommen, Mutter hingegen bestand immer darauf, dass dem Jungen nichts fehlte, überhaupt nichts. Also hakten wir da auch nicht weiter nach.

Jetzt, als Erwachsener, könnte ich euch für sein Leiden etliche Namen nennen, aber das wäre Mutter gegenüber respektlos.

Mutter und jene unbekannte Frau brachten ihre Kinder auf die Minute genau zum selben Zeitpunkt zur Welt.

Als die Fremde dann einfach verschwand, vermutlich vor Schreck wegen der schlechten Prognose für ihr Kind, zögerte Mutter nicht einen Moment. Sie verkündete, dass dieser Junge der Zwillingsbruder ihres Sohnes sei. Derselbe Moment, zwei kleine Körper, die zur Welt kamen, zwei gebärende Frauen … und sie adoptierte das zweite Kind einfach.

Vater war an jenem Tag nicht da, er drehte irgendetwas. Fragt mich nicht, was. Deshalb entschied Mutter kurzerhand alleine, dass sie Zwillinge bekommen hatte, und stellte uns die beiden auch als solche vor.

Als kleines Kind kannte ich diese Geschichte nicht. Es stimmte schon, dass meine beiden jüngeren Brüder sich nicht besonders ähnelten, aber irgendwie sahen sie doch aus wie alle Babys.

Mutter kümmerte sich auf dieselbe Art und Weise um die zwei und machte da niemals einen Unterschied. Und so fühlten sie sich wirklich wie Zwillinge. Mutter vermittelte ihnen das Gefühl, zwei miteinander verbundene Wesen zu sein.

Ich habe niemals mitbekommen, dass der blutsverwandte Bruder auf den anderen herabgeschaut hätte. Sie sahen sich als zwei Teile eines Ganzen, das war für sie das Wichtigste.

Wenn jemand sie fragte, warum sie sich denn gar nicht ähnelten, guckten sie sich an und sahen im anderen ihr Spiegelbild … Wovon man sich selbst überzeugen kann, wenn man nur will.

Als die Zwillinge acht Jahre alt waren, rief Mutter uns alle zusammen und erzählte uns nach einer Ohnmacht von 90 Sekunden die ganze Geschichte. Niemand sagte etwas dazu, weil einige es längst gewusst hatten und es den anderen eigentlich egal war.

Nachdem der ältere Zwilling gestorben war, bekam auch der jüngere dieselbe Krankheit wie Mutter, was wir unglaublich fanden. Zunächst vermuteten wir sogar psychosomatische Gründe, schließlich war er doch nicht ihr leibliches Kind und hatte ihre genetische Erbschaft nicht mit auf den Weg bekommen.

Das mit der Muttermilch kam uns damals gar nicht in den Sinn, denn die hatte er ja getrunken. Unsere Mutter hatte für ihn die Mutterrolle mit allen Konsequenzen übernommen und deshalb auch ihm ihr tödliches Vermächtnis mitgegeben.

Als ich ihn besuchte, erklärte er mir, dass er keine Angst vor dem Sterben hatte. Ich glaube, er war stolz auf das, was er war, und fühlte sich durch die Krankheit noch mehr als einer von uns.

Ich wusste, dass er die Ringe eigentlich nicht gestohlen haben konnte. Aber ich würde seine Sachen trotzdem durchsuchen, weil ich seine Hilfe brauchte, und zwar in Form seiner Bilder.

Der Zwilling, der gar kein leiblicher Bruder war, hatte sich nämlich als begabter Maler erwiesen und wunderbare Aquarelle angefertigt. Keine Ahnung, wie er das machte, aber er musste einen Menschen nur ein einziges Mal ansehen und erinnerte sich dann problemlos an jede Einzelheit.

Mutter sagte immer, dass er eben eine Gabe hatte. Seine Aquarelle waren der helle Wahnsinn.

Ich hatte absolut keine Lust, in den Sachen eines Verstorbenen herumzuwühlen, aber dieses Mal war es wirklich nötig.

Deshalb machte ich nun im Keller das Licht an. Meine Schwägerin hatte die Besitztümer ihres verstorbenen Mannes und seines Bruders dort gelagert.

Sie hat ihren Mann bis zu seinem Tod gepflegt, und dann auch seinen Zwillingbruder, und ich habe dabei nie ein einziges Wort der Klage von ihr gehört.

Ich habe die beiden oft besucht. Denn seine Brüder zu verlieren ist ja fast so, als würde ein Teil von einem selbst sterben. Als würde da ein Stützpfeiler wegbrechen.

Und da ging ich nun also den Nachlass von zwei wichtigen Menschen durch, die aus meinem Leben verschwunden waren.

Gegenstände und Wünsche, Sehnsüchte in der Form von Gegenständen ... Alles, was man nicht mitnehmen konnte. Weil nun niemand mehr ihre Geheimnisse beschützte und sie offen vor mir lagen, kam ich mir wie ein Voyeur vor.

Ich konzentrierte mich auf die Aquarelle, was aber auch nicht besser war. Sie waren nämlich die Gegenstände, die am meisten über unseren jüngsten Bruder aussagten.

Dabei hatte ich ihnen zu seinen Lebzeiten kaum Beachtung geschenkt. Vielleicht, weil ich auch damals schon wusste, dass darin zu viel von seinem Leben steckte.

Als ich nun die riesigen Kisten mit all dem Kram unter die Lupe nahm, kam mir das Ansammeln von Besitz im Laufe des Lebens so absurd vor. Da lag das nun alles verwaist herum und verstaubte allmählich. Nie wieder würden Menschen sich so über diese Dinge freuen wie direkt nach ihrer Entstehung.

»Alles verliert an Wert, sobald man es erworben hat«, hatte meine Frau früher immer gesagt. Das war einer ihrer Grundsätze gewesen.

Als ich unser Auto kaufte, wurde das besonders deutlich. Ein paar Monate später wollten wir es nämlich wieder verkaufen, weil wir erfahren hatten, dass wir Zwillinge bekommen würden. Und da bot man uns dann nur noch den halben Preis, dabei hatte es nicht einen einzigen Kratzer.

Man sagte uns, dass der Wert sich durch die Nutzung verringert habe. Ich war empört. Denn was würden demzufolge dann wir Menschen nach Erreichen eines gewissen Alters noch wert sein?

Wertminderung durch Nutzung … Ich glaube, wenn man merkt, dass man so übers Ohr gehauen wird, dann sollte man es doch eigentlich in alle vier Himmelsrichtungen hinausschreien.

Vielleicht kamen meine Frau und ich deshalb auf die Sache mit dem Pakt. Wir haben ja so einige geschlossen, aber das war unser großer Pakt. Na ja, davon erzähl ich euch später noch …

Nun betrachtete ich die Bilder meines Bruders. Bevor ich fand, was ich suchte, musste ich etliche andere durchgehen, im Werk meines Bruders herumschnüffeln, das doch eigentlich nicht für fremde Augen gemacht war.

Mir wurde klar, dass jedes von ihm gemalte Gesicht, jede Landschaft, jeder Farbtupfer auf der Leinwand etwas über ihn aussagte. Sie erzählten davon, wie verständnislos er der Welt gegenübergestanden hatte, von seinen Geheimnissen, seinen unerwiderten Lieben.

Ich denke ja immer noch, dass unerwiderte Liebe die stärkste natürliche Droge der Welt ist. Sowohl für diejenigen, die sie empfinden, als auch für die Menschen, die die Liebe nicht erwidern.

Da leiden doch alle nur, und trotzdem gehen die Menschen der Liebe immer wieder ins Netz.

Das ist so ein episches, ewiges und schwer zu erklärendes Problem: Man leidet, man versucht es, leidet weiter und probiert es erneut. Was bringt Menschen nur dazu, sich trotz offensichtlichen Desinteresses des anderen so sehr nach jemandem zu verzehren? Und wie kommt es, dass Menschen, die selbst schon jemanden zurückgewiesen haben, der sie liebte, sich dann ihrerseits nach jemand anderem verzehren, der ihre Gefühle nicht erwidert?

Ich weiß es auch nicht. Aber ich glaube immer noch, dass der Pakt mit meiner Frau mir da Frust und Enttäuschungen erspart hat. Dieser Pakt hielt allerdings nur so lange, bis sie aus meinem Leben verschwand, in dem Moment fühlte ich mich nämlich betrogen. Es war nie die Rede davon gewesen, dass einer vor dem anderen ging.

Die Frauen in meinem Leben schienen mich alle irgendwann zu verlassen.

Ich schaute nach oben, weil ich wusste, dass sich genau über mir die Frau meines Bruders befand.

Nur die Zimmerdecke trennte ihren Schlaf von meinen Gedanken. Ich stellte mir vor, wie sie zwischen meinen Tumms dalag. Sie legte die Mädchen nämlich immer links und rechts von sich und hielt dann beide an der Hand.

»Fallen die denn nicht aus dem Bett?«, hatte ich sie einmal gefragt.

»Niemals, ich halte sie ganz fest«, hatte sie geantwortet. »Ich konzentriere mich, dann fühlen sie sich sicher und spüren meine Kraft.«

»Und wenn du einschläfst?«

»Ich schlafe ja nicht«, hatte sie entgegnet. »Die beiden schlafen für mich.«

Hände, die festhalten, Kinder ... Ich glaube, als wir diese Unterhaltung führten, schien sich am ehesten etwas zwischen uns anzubahnen. Zwischen den Zeilen war unser Gespräch intensiv, es lag viel Liebe in der Luft.

Aber es war nicht der richtige Moment, nicht der passende Augenblick ...

Ich wandte den Blick von der Zimmerdecke ab.

Stattdessen betrachtete ich nun wieder die Bilder. Jedes Detail der Gesichter, die mein Bruder mit so viel Leidenschaft auf der Leinwand verewigt hatte.

Das war wie eine Reise in die Vergangenheit. Mein Bruder hatte mit dem Malen angefangen, kurz nachdem er die Wahrheit über seine Herkunft erfahren hatte. Weil er damals erst neun Jahre alt gewesen war, sah man auf diesen Bildern Verkäufer, Lehrer, Klassenkameraden ... Hier hatte ich nun all die Nebendarsteller unseres Lebens vor mir.

Zunächst waren seine Werke noch kindlich, nach und nach wurde er jedoch besser, und die Bilder aus seiner Jugendzeit hatten schon sichtbar an Tiefe und Klarheit gewonnen.

Nun genoss ich jedes einzelne Bild, ließ es lange auf mich wirken, schwelgte in den Darstellungen, denen ich früher nie Aufmerksamkeit geschenkt hatte.

Ich war eben sein großer Bruder gewesen, nicht sein Freund. Dafür war ich der Freund der Brüder anderer gewesen.

Der Gedanke an meinen Bruder hatte mich davon abgebracht, aber jetzt kam mir wieder der Pakt mit meiner Frau in den Sinn. Wir hatten ihn einst im Morgengrauen nach stundenlangem Streit geschlossen. Während des ersten Jahrs unseres Zusammenlebens stritten wir uns dauernd. Ich war unsicher und wusste nicht, was ich eigentlich wollte. Mir kam der Gedanke, dass ich mich vielleicht vertan hatte, dass ich meine Zeit und Liebe in die falsche Person investiert hatte.

Mir war kalt, als wir in jener Nacht bis zum Morgengrauen im Wohnzimmer diskutierten. Dann ging schließlich genau in dem Moment die Sonne auf, als sich Schweigen über uns legte.

»Lass uns einen Pakt schließen«, schlug meine Frau vor.

Ich wollte dieses Gespräch unbedingt zu Ende bringen; außerdem hatte meine Frau immer tolle Ideen, deshalb hörte ich gut zu. Noch ahnte ich aber nicht, wie sehr mich ihr Vorschlag inspirieren würde.

»Das Schwierigste im Leben ist doch, auf dieselben Reize nicht immer gleich zu reagieren. Wenn man verletzt wird, macht es einen traurig; wer sich etwas wünscht, konzentriert sich ganz darauf. Manchmal, wenn du nicht weißt, ob du etwas tun sollst, lähmt dich das entweder oder du verfällst in Aktivität. Jeder Mensch hat gewisse Beweggründe und Verhaltensmuster, die noch aus seiner Kindheit stammen ...«

Während sie kurz verstummte, starrte ich sie fasziniert an. Ihre Worte hypnotisierten mich, dabei hatten sie doch etwas Unzusammenhängendes an sich. Meine Frau sprach ohne Groll, wollte mir da keine Standpauke wegen meines tausendsten Fehlers halten, und ich hatte so etwas noch nie gehört.

Ich weiß noch, dass sie eine Weile schwieg ... so lange, dass ich schon dachte, sie hätte vielleicht den roten Faden verloren. Aber sie hatte alles im Griff und setzte erneut zum Sprechen an:

»Diese Beweggründe machen uns unglücklich, weil sie uns ein ums andere Mal an einen altbekannten Punkt bringen. Und auch wenn wir dort neue Beweggründe sammeln und Entscheidungen treffen, die uns scheinbar an einen anderen Ort führen, sieht es da wieder so ähnlich aus. Es ist fast unmöglich, unsere Beweggründe oder Gewohnheiten zu ändern. Wenn man nämlich eine beendet, entwickelt man gleich zehn neue.«

Wieder hielt sie kurz inne, und wir schauten uns an ... Gleich würde unser Pakt entstehen.

»Ich bitte dich um die Erlaubnis, an deiner Seite meine Verhaltensmuster ändern zu dürfen. Wenn du sie nicht verurteilst oder in Frage stellst, werde ich das Gleiche für dich tun. Ich werde dir die Erlaubnis geben, dich zu ändern. Such in deinem Inneren und biete mir eine andere Version deiner selbst. Ich werde dich dafür nicht verurteilen.

Ich will, dass du irgendwann ganz du selbst sein kannst. Dass dein Äußeres in derselben Tonlage erklingt und vibriert wie dein Inneres. Dass du dich eins fühlst mit dir selbst. Du sollst zu einer Einheit werden und nicht mehr nach Antworten suchen müssen, weil du sie alle in dir trägst ...«

Meine Frau schaute mich an, was sie während ihrer ganzen Ansprache nicht getan hatte. Und ich konnte spüren, wie viel Wahrheit in ihren Worten lag. Sie bot mir hier das Ende allen Leids an.

Ich wollte ihr gern versichern, dass ich dasselbe für sie tun würde. Aber damit hätte ich ihre Worte, die sie Anstrengung gekostet hatten, gewissermaßen banalisiert.

Manchmal wird das Leben mit dem Partner zu einem Konkurrenzkampf, es geht immer um »Und du ... und ich ... und du ... und ich ...«

Aber in den Worten meiner Frau lag Wahrheit, und mit Offenheit hatte man mich immer schon packen können, die finde ich einfach genial!

Jetzt wandte meine Frau den Blick ab. Ich glaube, das musste sie einfach, um fortfahren zu können.

»Aber das alles funktioniert nur, wenn wir einen Pakt schließen.

Wir müssen ein Team bilden und uns gegenseitig vertrauen. Um die existierenden Muster aufzubrechen, müssen wir einander mit Respekt begegnen.

Uns umgibt ein Kreis, der uns lähmt, durch den wir eingeschränkt sind. Und dieser Kreis besteht aus unseren unverrückbarsten Motiven.

Einen neuen Kreis zu bilden, der uns Schutz bietet, ist viel schwieriger. Aber nur so können wir weitermachen.

Ich biete dir an, diesen Kreis gemeinsam zu erschaffen, in dem wir ein neues Ich und ein neues Du sein dürfen.«

In diesem Moment zeigte sich die Sonne am Horizont, und mir kam ein Liedtext in den Sinn, der mich faszinierte:

»Wenn nach einer langen Nacht die Sonne aufgeht, hat sie es nicht eilig …«

Wir sagten nicht mit Worten Ja zu dem Pakt, weil das nur wieder eine altbekannte Verhaltensweise gewesen wäre, die wir beide schon so oft benutzt hatten.

Deshalb küssten oder umarmten wir uns auch nicht. Wir saßen einfach nur schweigend da, und mit diesem Tag begann unser Pakt. Alles, was meine Frau vorhergesagt hatte, passierte genau so. Und wir konnten uns ändern, was einfach gewaltig war.

Bis sie mich dann durch diesen Unfall verließ. Das war nicht geplant gewesen, und ich wusste nicht, wie ich darauf reagieren sollte. Mehr noch: Nachdem ich sie verloren hatte, schien ich völlig ohne emotionale Ressourcen dazustehen.

Für den Pakt waren eben zwei nötig gewesen. Aber ich schwöre, dass wir in unseren gemeinsamen Jahren einen riesigen Kreis erschaffen haben, voll von neuen Gefühlen und Verhaltensweisen.

Jetzt kehrte ich in die Gegenwart, in diesen Keller zurück, erfüllt von unendlicher Traurigkeit. Die Mädchen weinten im Stockwerk über mir, als wüssten sie, woran ich gerade dachte.

Und mir wurde in diesem Moment klar, wie sehr ich sie allein gelassen hatte. Vielleicht unterschied ich mich ja doch nicht so sehr von meinem Vater.

Wir entwickelten uns von einer Generation zur nächsten wirklich kaum weiter.

Ich konnte nicht leugnen, dass ich meine Töchter genauso im Stich gelassen hatte wie mein Vater einst uns. Obwohl ich es so gern geglaubt hätte, war ich nicht besser als er.

Wie einfach es doch ist, andere zu verurteilen! Ich holte einmal tief Luft, weil diese Gedanken nach ordentlich Sauerstoff verlangten. Es zehrt ganz schön an uns, wenn wir uns der eigenen Wahrheit stellen.

Dann endlich schaute ich mir weiter die Bilder an. Und fand es schließlich, das Porträt von Mutter. Sie war so schön, ganz zauberhaft, einfach unglaublich …

Ich erinnerte mich noch gut daran, dass dieses Bild entstanden war, kurz bevor die Krankheit ihr Ende einzuläuten begann.

Es handelte sich um ein Gemälde voller Details, das vor allem durch sein Motiv so schön war. Mein Bruder hatte Mutter geliebt und all seine Zuneigung in dieses Bild gegossen, das ich einfach nur toll fand.

Lange betrachtete ich Mutters Gesicht, bevor ich mich dann auf die Ringe konzentrierte, die man an ihrer Hand gut erkennen konnte. Ich war ganz gerührt, weil ich sie seit Jahren nicht gesehen hatte.

Diese beiden goldenen Schmuckstücke hatten uns Brüder nun all diese Zeit entzweit … Das Bild zeigte jedes Detail klar und deutlich – ihre Hand, die Finger und die Inschriften auf den Ringen.

Ich nahm das Bild mit, obwohl es mir schwerfiel, das kann ich euch sagen. Ich wollte es nur ungern von den anderen trennen, weil mein Bruder nie ein einziges Gemälde

verkauft hatte. In diesem Keller befand sich sein Gesamt-
werk, abgesehen von dem einen Bild, das in Vaters Arbeitszimmer hing. Deshalb kam es mir wie ein Sakrileg vor, hier
etwas wegzunehmen.

Daher versprach ich mir selbst, gut darauf achtzugeben
und es unbeschadet zurückzubringen.

Dann ging ich zurück nach oben, wo die Frau meines Bruders schlief und dabei die Zwillinge bei den Händen hielt.

Ich beugte mich zu meinen Töchtern hinunter und drückte jeder einen kleinen Kuss auf die Wange, der mit einem
gemurmelten »Tumm« entgegengenommen wurde. Danach schaute ich die Frau meines Bruders an, die hier meine Welpen festhielt.

Ihre Schönheit rief mir meine Theorie in Erinnerung,
dass uneigennützige Menschen ganz anders atmen und sich
so mit einer unglaublichen Energie umgeben.

Bei ihr war es jedenfalls so. Nicht nur deshalb, weil sie
sich um meine Mädchen kümmerte, sondern auch, weil sie
einfach so lebte, wie sie es wollte.

Das hätte ich auch so gerne getan, aber mein Stamm hatte mich zu etwas anderem herangezogen. Und der Stamm
ist ja nichts anderes als die Familie, die Freunde aus der
Schule, Bekannte von der Uni und schließlich der Le-
benspartner. Sie alle hatten mich dazu gebracht, die Welt
auf eine bestimmte Weise zu sehen.

In all den Menschen, die ich kennenlernte, sah ich immer
nur meine Brüder. Alle wurden auf die Mitglieder meines
Stammes reduziert.

Ich lernte viele Leute kennen, die genau wie mein großer Bruder waren. Andere waren wie der Zwilling, wieder andere wie der Adoptierte, und das hatte natürlich Einfluss darauf, wie ich sie behandelte und auf sie reagierte.

Und ich? Mich selbst sah ich in anderen Menschen nicht, und genau da lag vielleicht das Problem. Sie hingegen, die Frau meines Bruders, hatte etwas von allen Frauen in meinem Leben an sich. Nur ein gewisses Etwas, und vielleicht hatte mein Bruder sich ja deshalb für sie entschieden.

Jetzt überkam mich der Wunsch, auch ihr Gesicht zu berühren. Aber es war einfach nicht der richtige Zeitpunkt und Ort.

Deshalb blieb ich einfach nur stehen, in der Hand das Porträt meiner Mutter, und betrachtete die Frau meines Bruders.

Aber irgendwann hielt ich es nicht länger aus und fuhr ihr mit den Fingerspitzen sanft über die Wange. Sie stieß einen Laut aus, der so ähnlich wie »Tumm« klang. Oder vielleicht kam mir das auch nur so vor.

Dann ging ich und ließ diese drei unglaublichen Wesen weiter dieselbe Luft atmen.

Das Ende nahte.

Archipele der Aufrichtigkeit

Ich stieg ins Auto und fuhr langsam los. Noch war der Tag nicht erwacht, es war mitten in der Nacht, und mein gemächliches Tempo war dem Versuch geschuldet, meinen Biorhythmus zu respektieren.

Alles war im Einklang, weil ich endlich wusste, was zu tun war. Ich würde die Schuld auf mich nehmen, was noch nicht einmal eine völlig selbstlose Tat sein würde. Nein, dabei ging es darum, eine Wunde und einen Kreis zu schließen.

Ich wollte diese Glasglocke anheben, die mich von meinen Brüdern trennte, von dem, der noch auf dieser Erde verweilte, und von denen, die schon gegangen waren. Dieser ganze Hass brachte doch nichts.

Ehrlich gesagt fand ich jede einzelne Phase sinnlos, die man bei so einem Zerwürfnis durchlief. Meiner Meinung nach begannen solche Differenzen immer mit etwas Unerwartetem, mit einem Gefühl, das man nicht einordnen konnte.

Bei uns hing es vielleicht damit zusammen, dass wir ohne jeden Grund von einem Tag auf den anderen einen

Menschen verloren hatten und nicht einmal für ihn kämpfen konnten. So etwas ist schrecklich, und es hatte bei uns alles andere in Gang gesetzt.

Wahrscheinlich sind wir Menschen auf so eine Art von Verlust niemals vorbereitet und verlieren zwischendurch manchmal den Mut, wenn wir dagegen ankämpfen.

Meine Frau hatte das alles gewusst und es mir gezeigt. In Bezug auf das Menschsein war sie mir immer um einiges voraus gewesen.

Sie sagte immer, dass man im Leben nie nach dem Warum fragen darf, weil es das gar nicht gibt. Ihrer Meinung nach brachte die Suche nach Gründen nur Traurigkeit und Depression mit sich, ließ die Menschen in ein tiefes Loch fallen.

»Menschen benehmen sich eben nicht normal, ihre Verhaltensmuster sind oft unbegreiflich und ergeben keinen Sinn. Und wenn jemand sich selbst nicht versteht, wie soll er dann die anderen verstehen?«, fragte sie mich.

Sie legte sich nie mit irgendjemandem an und strebte eben nicht an, immer alles nachvollziehen zu können. Ich habe nie gehört, wie sie jemandem Vorwürfe gemacht hat.

Meine Frau hatte außerdem immer eine alte Ausgabe von Oscar Wildes Buch *De profundis* dabei.

Obwohl sie nie mit mir darüber gesprochen hat, weiß ich, dass ihr mit 14 etwas zugestoßen ist. Anschließend hat sie sich nach dem Grund dafür gefragt und ist in ein dunkles Loch gefallen.

In diesem dunklen Loch steckte sie drei Jahre lang, lag nachts wach und hatte das Gefühl, das Universum hätte ihr eine Frage gestellt, auf die sie keine Antwort fand.

Sie wollte nie mit mir darüber reden, weil die ganze Geschichte eben aus einer anderen Zeit stammte. Allerdings hat sie mir anvertraut, dass Wildes Buch sie damals gerettet hat.

Sie hatte es von einem Sizilianer geschenkt bekommen, den sie in Buenos Aires kennengelernt hatte, sie hatte nämlich von klein auf in Argentinien gelebt. In diesem Land ist das geschehen, was sie so aus der Bahn geworfen hat, und dort hat sich das Problem dann auch gelöst.

Meine spätere Frau ging damals oft in einen Buchladen namens Ateneo. Es handelte sich dabei um ein wunderschönes altes Theater, das man in eine Buchhandlung umgewandelt hatte.

Sie erzählte mir, dass sie sich jeden Nachmittag dort einfand und auf der in ein Café verwandelten Bühne einen Kaffee trank.

Den schlürfte sie gemächlich, während sie langsam ihre Traurigkeit vorbeiziehen sah.

Nur dort fühlte sie sich wohl, und es war der einzige Ort, den zu besuchen sie sich erlaubte. Auf dieser Bühne hatten schon Hunderte oder Tausende von Schauspielern gestanden, und irgendwie leistete deren Geist ihr Gesellschaft und tröstete sie.

Und deshalb brauchte sie für den kleinen Kaffee auch ewig. Sie nahm Schluck für Schluck und beobachtete die

Leute vor den Regalen, welche sich über die drei Stockwerke des Zuschauerraums verteilten.

Es brachte ihr Erleichterung, die Kunden durch die Bücher blättern zu sehen. Außer dieser Buchhandlung lockte sie nichts aus dem Haus.

An dem Tag, an dem sie mir das erzählte, wollte ich am liebsten in die Vergangenheit zurückkehren und ihr helfen. Ich wäre damals so gerne an ihrer Seite gewesen, um ihr eine Lösung zu bieten. Aber das alles war ja eher ein Traum als Wirklichkeit gewesen. Der Schmerz, den ihr diese Person zugefügt hatte, konnte nicht durch einen anderen Menschen gelindert werden. Das war alles viel komplizierter.

Die Lösung befand sich 150 Jahre von ihr entfernt.

Meine Frau erzählte mir, dass der sizilianische Kellner ihr den Kaffee immer kochend heiß gebracht hatte, weil er wusste, dass sie ihn nicht sofort trinken würde.

Er war ein älterer Mann mit grauem Haar und starkem italienischem Akzent. Sie wartete stets ab, bis er frei war, um ihn um ihren Kaffee zu bitten. Und auch er hielt immer nach ihr Ausschau.

Sie wechselten dabei nie mehr als die paar Worte, die für die Bestellung nötig waren.

Wie sie mir erzählt hatte, war nach neun Monaten dieses Rituals eines Tages die Buchhandlung fast leer, weil es nicht nur regnete, sondern auch noch Fußball im Fernsehen kam.

Und an jenem Abend setzte er sich dann zu ihr.

Als sie mir das Jahre später schilderte, legte sie an dieser Stelle eine lange Pause ein. Es war so, als würde sie an jenen Punkt zurückkehren, wieder so jung sein wie damals. Meine Frau hielt *De profundis* im Arm und umklammerte es fest.

Dieses Buch war bereits seit so vielen Jahren in ihrem Besitz, und es rührte mich, wie sie immer noch darauf achtgab. Ich kann mich an keinen Moment unseres gemeinsamen Lebens erinnern, an dem es sich nicht in höchstens einem Meter Entfernung von ihr befunden hatte. Sie hatte es immer ganz nah bei sich, so als würde es sie beschützen.

Ich sah sie nie darin lesen, aber es war stets an ihrer Seite. Ich glaube, dieses Buch war wie eine Art Versicherung, falls dieser furchtbare Schmerz eines Tages zurückkehren würde.

Nach ihrem Autounfall fand man das Buch halb verkohlt im Handschuhfach des Wagens. Und nun war es mir zum ständigen Begleiter geworden, obwohl auch ich nie darin gelesen hatte. Aber dass dieses Buch ihr damals geholfen hatte, reichte mir, um ihm ewigen Respekt entgegenzubringen.

An jenem verregneten Abend, als sich in der riesigen Buchhandlung nur sie, der Sizilianer und ein paar Verkäufer befanden, geschah dann das Wunder.

Der Kellner ließ über den Lautsprecher des Buchladens *Cavalleria rusticana* laufen. Beim ersten Mal kannte meine Frau das Stück noch nicht, und es wurde für sie dann für immer der Soundtrack dieser Momente, in denen sich ihr der Kellner zu nähern wagte.

»Darf ich?«

Er setzte sich mit einer zweiten Tasse Kaffee zu ihr, und sie erzählte mir das später so, als würde sie über eine gewaltige Rettungsaktion sprechen.

»Ich möchte mich nicht in Ihr Leben einmischen«, begann er. »Für mich ist es schon ein großes Glück, Sie jeden Nachmittag hier zu haben. Aber dieser Luxus sollte der ganzen Welt zuteilwerden, es wäre egoistisch, Sie nur für mich allein zu beanspruchen.

Was auch immer Ihnen passiert sein mag, wer auch immer Ihnen etwas angetan hat – es gibt dafür nur eine Lösung. Und so unglaublich das auch klingen mag, manchmal sind der Schmerz und die Qual eines anderen Menschen das beste Mittel gegen unser eigenes Leid.«

Sie sagte nichts, als er ihr dann *De profundis* von Oscar Wilde reichte, einfach aufstand und ging.

Es erklang immer noch *Cavalleria rusticana*, die perfekte Begleitmelodie für diesen Augenblick.

Meine Frau schlug die erste Seite des Buches auf und fand dort eine Widmung:

In kleinen Schlucken lesen …

Sie lächelte, und als sie es mir später erzählte, fügte sie noch hinzu, dass sie bis zu diesem Zeitpunkt schon seit Jahren nicht mehr gelächelt hatte, seit ihr jener junge Mann jegliche Freude geraubt hatte.

Meine spätere Frau litt nicht wegen der Liebe so sehr. Bei den wichtigen Themen, die es wirklich wert sind, geht es nicht nur um Liebe, sondern auch um Freundschaft, neu entdeckte Gefühle und verborgene Wünsche.

Aber es war ganz entscheidend, dass sie wieder lächelte, als sie diese Widmung las. Leider bringe ich das hier vielleicht nicht so richtig rüber, weil es eben *ihre* Worte, Gefühle und Verluste waren.

Ich versuche nur, alles so wiederzugeben, wie sie es mir einst erzählt hat. Aber es ist schwierig, sich in den Schmerz anderer Menschen einzufühlen.

Es könnte wohl auch kein anderer den Tag auf dem Fußballfeld mit meinen Brüdern angemessen schildern.

Dieser Tag steckt in meiner DNA, und niemand, der ihn nicht selbst miterlebt hat, könnte ihn dort herauslösen. Er ist Teil meines Charakters geworden, meiner Taten und Verhaltensmuster.

Auch meine spätere Frau war durch gewisse Ereignisse geprägt worden, aber an jenem regnerischen Tag in Buenos Aires änderte dieser Sizilianer für sie alles.

Das ist nämlich das Unglaubliche an diesem tiefen Loch: Wenn man sich daraus wirklich befreien will, ist es leicht, sich helfen zu lassen. Ein einfacher Hinweis, simpel, aber zutreffend, kann einen da wieder rausholen.

Und sie verließ das Loch durch *De profundis*. Dieses Buch enthielt Hinweise, die bereits 1897 notiert worden waren, aber immer noch Gültigkeit besaßen.

Als sie nun umblätterte, entdeckte sie die Anweisungen des Sizilianers.

Der erste Schluck befindet sich beim roten Punkt ...

Sie suchte im Buch nach diesem roten Punkt. Ohne Eile blätterte sie weiter, bis sie die Seite mit einem riesigen roten Tupfen neben einem Absatz erreichte.

Sie hat mir das so wunderbar erzählt, dass es mir leidtut, es nun mit meinen eigenen Worten wiedergeben zu müssen. Aber so in etwa stand da Folgendes:

Wenn der Körper auch ungesundes Essen in Energie und Bewegung umwandeln kann ... dann kann die Seele dasselbe mit den schlechten Erfahrungen des Herzens tun. Man kann aus all dem etwas lernen.

Ich hoffe, es vernünftig zusammengefasst zu haben. Und das war nur der Anfang. Jeden Nachmittag ein Schlückchen Kaffee, zusammen mit einem Punkt in einer bestimmten Farbe auf ihrem Zuckerwürfel.

Sie suchte nach der Entsprechung im Buch und nahm die Weisheiten in kleinen Schlucken zu sich.

Worum es bei den nächsten Tassen Kaffee ging?

Man soll vergeben, aber nicht vergessen.
Auch die schlimmen Erfahrungen sind ein Teil des Lebens.
Du sollst kein neues Leben anfangen, sondern begreifen, dass dein zukünftiges Leben eine Fortsetzung des alten durch Entwicklung und Reifung ist.

Schmerz ist eine der erhabensten Empfindungen. Mit Schmerz kann man Welten errichten.
Seine Erfahrungen zu verleugnen ist eine Lüge auf den Lippen des Lebens.

So oder ähnlich las sie es im Buch, und sie erzählte mir mit solcher Leidenschaft davon, dass ich ihren Worten fasziniert lauschte. Diese Lehren hatten sie geheilt.

Mit jedem literarischen Schluck ging es ihr besser, und so verwandelte sie sich nach und nach in die Person, die ich dann später kennenlernen würde. Diese Aufarbeitung gelang ihr durch die Hilfe eines irischen Meisters und die Selbstlosigkeit jenes sizilianischen Genies.

Und am ersten Tag, an dem sie sich stark genug fühlte, bestellte sie einen Kaffee ohne Zucker.

Das Unglaublichste an der ganzen Geschichte ist allerdings, dass der Kellner und sie nie über all das sprachen.

Meine spätere Frau ging aus Buenos Aires weg. Wiederhergestellt beschloss sie, die Stadt hinter sich zu lassen.

Im Taxi auf dem Weg zum Flughafen erklang im Radio das Lied *Septiembre del 88* vom Meister Cacho Castaña.

Der erste Satz dieses Liedes lautet: *Wenn du sehen könntest, wie traurig es hier in Argentinien ist …*

Aber das ist nur der Anfang, der Song besteht nämlich aus zwei Teilen: Im ersten schreibt jemand einen Brief an einen ausgewanderten Freund, um ihm zu erzählen, wie schlecht alles in seinem Land läuft, und empfiehlt ihm, bloß nicht wiederzukommen.

Aber nach der Hälfte läuft dem Verfasser plötzlich der umgeschüttete Mate-Tee über das Blatt, und er fängt noch einmal neu an. Jetzt ändert er seine Meinung, und der Brief klingt mit einem Mal viel positiver ... weil es inmitten all des Elends auch viel Freude gibt.

Dieser zweite Teil fängt so an: *Wenn du nur sehen könntest, wie schön es hier in Argentinien ist ...*

Als sie mir von diesem Lied erzählte, lächelte meine Frau und begann es dann aus vollem Hals zu singen.

Sie hatte keinen Mate-Tee verschüttet, sondern ihren Kaffee.

Und sie hatte sich durch Oscar Wildes Erlebnisse neu erschaffen. Wilde hatte aus dem Gefängnis heraus geschildert, was ihm passiert war. Seine lange Reise bis zum Verfassen dieses Briefes an den Urheber seines Schmerzes wurde für meine Frau zu einer Abkürzung für ihren Schmerz. Und deshalb brauchte sie keine langen Jahre. Weil ihr ein Meister gezeigt hatte, wohin der Weg sie nicht führen sollte, wo sie ihre Zeit gar nicht erst zu verschwenden brauchte. Sein Schmerz verwandelte sich in den ihren, seine Worte wurden für sie zum Notausgang.

Und zu diesem Zeitpunkt beschloss sie wohl, dass sie nie wieder in ein so tiefes Loch fallen würde.

Als ich sie dann kennenlernte, war sie ein so aufrechter und perfekt ausbalancierter Mensch. Und mich musste man erst noch einreißen ...

Keine Ahnung, was sie in mir gesehen hat, schließlich hätte sie ja auch mit Leuten zusammen sein können, die es aus ihrem eigenen tiefen Loch längst wieder herausge-schafft hatten. Ich hingegen war in meinem gefangen und wusste es noch nicht einmal.

An dem Tag, an dem wir uns kennenlernten, bat sie mich nur um eines ... Jene erste Begegnung fand übrigens in ei-nem Park in Boston statt, auf der Bank aus dem Film *Good Will Hunting*. Dort saß ich, als meine spätere Frau kam und sich einfach neben mir niederließ.

Ich weiß gar nicht mehr so recht, wer dann als Erster das Wort ergriffen hat. Aber an jenem Tag aßen wir gemeinsam zu Mittag und zu Abend und frühstückten irgendwann auch zusammen. Wir redeten, verrieten uns unsere Ge-heimnisse und hatten sogar Sex.

Wenn mir zehn Minuten vor ihrem Eintreffen auf dieser Bank jemand erzählt hätte, was kurz darauf passieren wür-de, hätte ich ihm nicht geglaubt.

Aber es hat sich so ereignet. Ich weiß gar nicht so genau, was uns eigentlich miteinander verbunden hat, aber wir er-kannten sofort, dass wir füreinander gemacht waren.

Ich muss noch erwähnen, dass wir uns am Ende dieses Tages ein Versprechen gaben. Wie immer war das ihre Idee gewesen.

Aber es war kein Versprechen, das sie sich extra für mich ausgedacht hatte. Nein, es war das Versprechen für die wichtigen Menschen in ihrem Leben, oder für solche, die bald dazugehören würden.

»Lass uns niemals lügen«, sagte sie, als der Schlaf mich schon fast dieser Welt entrissen hatte. »Und hör mal, damit meine ich jetzt mehr, als nur die Wahrheit zu sagen. Es gibt bei den Menschen so viel Falschheit. Wir sind von Lügen umgeben, deshalb ist ein Archipel von Personen, die dir immer die Wahrheit sagen werden, viel wert. Ich möchte gerne, dass du meinem Archipel der Aufrichtigkeit angehörst.«

So nannte sie das, ihren Archipel der Aufrichtigkeit. Seitdem habe ich nie wieder einen Menschen kennengelernt, der sich als Insel der Wahrheit versteht, damals wusste ich aber sofort, dass ich dazugehören wollte.

Allerdings hätte ich dabei nie gedacht, dass meine Frau ein Verfallsdatum haben würde. Und deshalb fühlte ich mich hintergangen, als sie mich verließ.

Ich war eine aufrichtige Insel, die einsam durchs Meer trieb. So sah ich mich.

Ich habe mein Versprechen meiner Frau gegenüber immer gehalten und war in allem ehrlich. Aber sie hatte schon Recht, es ging dabei um mehr als nur darum, die Wahrheit zu sagen. Das Entscheidende war, ein Team zu bilden, immer für den anderen da zu sein, als sein Fels in der Brandung. Wir waren füreinander ein sicherer Hafen, in den man einfahren konnte, um keine Angst mehr vor dem Untergehen haben zu müssen.

All das war sie für mich, und eins kann ich euch sagen: So etwas ist wirklich unbezahlbar. Dass man sich auf einen anderen Menschen immer verlassen kann, von ihm nie angelogen wird und immer die Wahrheit zu hören bekommt, wenn man ihn darum bittet. So etwas verleiht ein Gefühl von Macht und Stärke.

Wahrheit bewegt nämlich Welten und macht glücklich. Für mich ist sie wirklich das Einzige, was zählt.

Meine Frau bestand aus positiver Energie, wahrscheinlich ging von ihrem Archipel deswegen diese Kraft aus.

Ich erschuf mir nie einen eigenen Archipel, vielleicht deshalb, weil ich nie wieder Leuten begegnet bin, denen ich vertraut hätte.

Meine Frau war die Einzige gewesen.

Und sie fehlte mir … *Du fehlst mir so sehr …*.

Noch langsamer als zuvor zuckelte ich mit dem Auto meinem Ziel entgegen. Ich hatte es nicht eilig und wollte meine Frau lieber noch ein bisschen vermissen.

Vielleicht sollten wir
unsere Schnuller einfach behalten

Dann erreichte ich endlich mein Ziel. Ich war am Haus des Bruders meiner Mutter angekommen. Ihr Porträt hatte ich in der Hand und die Gedanken von meiner Frau im Kopf.

Unser Onkel wollte nicht, dass wir ihn Onkel nannten, schließlich war er doch nur der Bruder unserer Mutter.

Ich habe mich nie gefragt, ob er sich dadurch jünger fühlen oder sich vor der Verantwortung drücken wollte.

Geheiratet hat er auch nie. Mutter hatte immer gesagt, dass er mit Metallen sprach, aber er war nicht direkt Juwelier, weil er die von ihm hergestellten Objekte nicht verkaufte. Deshalb lebte er auch mit nur wenig Geld und schien immer die gleichen Sachen zu tragen.

Bis zu Mutters Tod kam er jeden Sonntag zu uns zum Essen. Wir Kinder mochten ihn, er roch nämlich nach Babys. Als die Zwillinge sie nicht mehr brauchten, hatte Mutter ihm eine riesige Flasche Babylotion geschenkt, die er nun jeden Tag benutzte.

Außerdem hatte er auch unsere Schnuller bekommen. Bei der Arbeit steckte er sich manchmal einen davon in den Mund und kaute darauf herum.

»Eigentlich sollten wir unsere Schnuller ja nie aufgeben«, hatte er mal zu mir gesagt.

Vielleicht hatte er sogar Recht, als Kinder hielten wir ihn aber für ein bisschen verrückt.

Jetzt hatte ich das Auto in der Nähe seines Häuschens an der Küste geparkt, das eigentlich mehr eine Hütte war. Aber es hatte eine tolle Aussicht aufs Meer, deshalb erzählte er immer allen, dass er einen riesigen Garten hinter dem Haus habe …

Als ich an seine Tür klopfte, war es noch nicht einmal fünf Uhr morgens, aber das machte nichts, er schlief nämlich nie.

Der Bruder meiner Mutter machte die Tür auf, betrachtete mich und drückte mich dann ganz fest.

»Ekaitz.«

Er war einer der wenigen Menschen, die mich gern mit meinem Namen anredeten, und sprach ihn voller Leidenschaft aus. Das lag wohl daran, dass er genauso hieß.

Nachdem er mich umarmt hatte, folgte ich ihm mit dem Bild in der Hand. Er nahm mich mit hinters Haus, wo er gerade mit der Herstellung eines Schmuckstücks beschäftigt war. Dafür hatte er im Sand einen kleinen Tisch aufgestellt, den er vermutlich auch selbst gebaut hatte.

Ich nahm an, als er mir ein Glas mit einer bräunlichen Flüssigkeit anbot, der ein gewisses Himbeeraroma entströmte. Mein Onkel hatte immer schon gern seltsame Smoothies gemischt. Einmal hatten meine Brüder und ich nach Mutters Tod bei ihm übernachtet. Da schickte er uns los, um in der Umgebung essbare Dinge in verschiedenen Farben zu suchen, die er dann in den Mixer geben würde. Ich pflückte damals jede Menge Weintrauben, und einer der Zwillinge brachte Pinienkerne mit, der andere eine Art Rote Bete. Der Älteste hatte Möhren gefunden. Der Smoothie schmeckte fürchterlich, hatte aber auch etwas Kraftvolles an sich. Vielleicht deshalb, weil wir ihn zusammen erschaffen hatten.

Mit den Jahren wurden wir erwachsen, und der Bruder unserer Mutter kam uns immer kindlicher vor, deshalb ließen wir ihn links liegen.

Dass er nie krank wurde, hatte Mutter immer darauf zurückgeführt, dass Krankheiten nach einem Blick auf diesen schrägen Vogel lieber die Flucht ergriffen. Mit dem wollten sie ihre Zeit wohl besser nicht vergeuden. Ich glaube ja, dass er durch seine Smoothies immun geworden ist.

»Darf ich?«, fragte er nun, als er Mutters Porträt entdeckte. Ich reichte ihm das Bild. Mit welch unglaublicher Liebe er meine Mutter, seine Schwester, betrachtete! Wenn meine Brüder und ich uns doch nur auch so ansehen würden!

Mein Onkel gab mir das Gemälde ohne ein Wort zurück und wollte sich wieder an die Arbeit machen. Besonders redselig war er nie gewesen.

»Ich brauche zwei Ringe wie die von Mutter«, sagte ich und deutete auf die gemalten Hände. »Die hast du doch für sie gemacht, oder?«

Er musterte das Bild aufmerksam.

»Wann brauchst du die?«

Ich fand es toll, wie einfach auch die komplizierten Dinge bei ihm waren.

»Heute noch«, antwortete ich.

Er schaute sich das Bild noch einmal an und machte sich dann sofort an die Arbeit.

Wahrscheinlich wäre es mir lieber gewesen, wenn er mich nach den Gründen für meine Bitte gefragt hätte, aber dann wäre er nicht mehr der Bruder meiner Mutter gewesen.

»Dafür brauche ich ein, zwei Stunden, aber du kannst so lange in meinem Swimmingpool baden, wenn du willst, Ekaitz«, sagte er und deutete auf sein Meer.

Dazu hatte ich jetzt keine Lust, deshalb setzte ich mich in einen seiner alten Liegestühle und dachte an nichts, bis ich schließlich eingeschlummert sein muss. So erholsam war mein Schlaf schon lange nicht mehr gewesen.

Jeder andere hätte mich wohl irgendwann geweckt, aber der Bruder meiner Mutter betrachtete mich nur schweigend, als ich wieder aufwachte.

Er gab mir einen winzigen Beutel.

»Sie sind absolut identisch«, versicherte er.

Ich vertraute ihm, deshalb machte ich den Beutel nicht auf, um es zu überprüfen.

Als er mir dann noch vier kleine Kästchen überreichte,

versuchte ich, erst einmal richtig wach zu werden. Das hier schien wichtig zu sein.

»Die hat eure Mutter eine Woche vor ihrem Tod bei mir in Auftrag gegeben, aber ich bin leider nicht rechtzeitig fertig geworden. Es war gar nicht so einfach, alles so hinzubekommen, wie sie es wollte, mit der Gravur etc.

Eure Mutter wollte euch dieses kleine Präsent unbedingt persönlich aushändigen. Deshalb hätte ich es euch nach ihrem Tod eigentlich gar nicht mehr geben sollen.

Im Laufe der letzten Jahre hab ich immer wieder daran gedacht, sie euch doch zu geben, hab aber nie den richtigen Moment gefunden ...«

Er hielt mir die Kästchen hin, und ich griff danach.

»Heute bist du gekommen und hast mich um eine Kopie der Markenzeichen deiner Mutter gebeten.

Die waren das einzige Geschenk, das ich deiner Mutter je zu Lebzeiten gemacht habe. Für mich ist das wie ein Wink des Schicksals – mit diesem Porträt hast du mir deine Mutter zurückgebracht. Und deshalb ist es für mich jetzt fast so, als hätte sie euch die persönlich gegeben.

Die musst du einfach mitnehmen.«

Als ich ihn umarmte, drückte auch er mich überschwänglich. Ich genoss den Moment, ließ mich fallen.

»Ein Kästchen für jeden Bruder?«

»Ein Kästchen für jeden Bruder«, wiederholte er.

Ich wusste schon, wem ich die Schächtelchen der Zwillingsbrüder geben würde. Nun war der Moment gekommen, meinen eigenen Archipel zu erstellen.

Außerdem fand ich wirklich, dass meine Tumms den Bruder meiner Mutter bald mal kennenlernen sollten. Das würde ihnen sicher guttun.

Menschen wie er halfen anderen dabei, einen ganz anderen Charakter zu entwickeln.

Nun durchsuchte ich meine Taschen, weil ich eigentlich immer irgendwo einen Schnuller dabeihatte. Und tatsächlich ... Der Bruder meiner Mutter lächelte, als ich den Nuckel der großen Tumm auf seinen Arbeitstisch legte.

Jetzt blieb mir nur noch das Schwierigste ... die Schuld für das auf mich zu nehmen, was ich nie getan hatte, um Vater seinen Abschluss zu ermöglichen. Zu lügen, um meine Wahrheit zu finden ...

Kaum spürbare Zärtlichkeiten
auf dicker Pferdehaut

Etwas über eine Stunde später kam ich am Haus meines ältesten Bruders an. Noch war es draußen nicht hell, aber es fütterte bereits jemand die Pferde. Es war mein Neffe, jener Junge, den mein Vater als Hauptdarsteller seines Films auserkoren hatte. Als ich zu ihm ging, sah er kurz zu mir rüber. Lange sprach keiner von uns ein Wort, während er sich weiter liebevoll um die Tiere kümmerte.

»Magst du Pferde?«, fragte er mich schließlich.

Ich nickte.

»Möchtest du ihnen vielleicht was zu fressen geben?«

Wieder bestätigte ich. Der Junge holte ein kleines Messer hervor, schnitt für mich ein Stück Apfel ab und erklärte mir, dass ich die Hand ganz flach ausstrecken musste.

Ich tat wie geheißen.

Der Gaul verspeiste den Apfelschnitz mit einem Happs, und auf meiner Hand blieb nur jede Menge Pferdespucke zurück.

Der Junge gab mir noch ein Stück.

»Du musst mit ihnen reden, wenn du ihnen etwas gibst, und sie zwischen den Augen kraulen, aber fest, sonst kriegen sie das gar nicht mit. Die haben ja so eine dicke Haut …«

Ich machte es so, wie er mir gesagt hatte, und liebkoste das Tier kräftig. Dabei dachte ich an all die Menschen, bei denen es genauso war wie bei Pferden: Bei einem dicken Fell waren auch nachdrückliche Zärtlichkeiten nötig. Ich nahm mir vor, in Zukunft daran zu denken.

Dann zeigte ich meinem Neffen den Beutel mit den Ringen, den mir kurz zuvor der Bruder meiner Mutter überreicht hatte.

»Kannst du das bitte deinem Vater geben? Sag ihm doch, dass ich mich entschuldigen möchte, und frag ihn, ob er uns am Montag mit dir hier drehen lässt.«

Der Junge schaute mich an, griff allerdings nicht nach dem Beutel.

»Das sind aber ganz schön viele Sachen, die ich mir da merken soll.« Ein Lächeln huschte über seine Züge. »Wäre es nicht besser, wenn du ihm das selbst sagst?«

»Das kann ich nicht«, antwortete ich.

Er zögerte, am Ende nahm er jedoch den Beutel von mir, seinem Onkel, entgegen, so wie ich es eine Stunde zuvor von meinem Onkel getan hatte. Der Kreis schloss sich.

Als ich noch einmal kräftig das Pferd kraulte, wurde mir aber klar, dass da noch etwas fehlte. Ich musste ihn einfach fragen.

»Würdest du denn gerne in dem Film mitspielen, wenn dein Vater es erlaubt?«

Der Junge schwieg erst einmal und berührte das Pferd.

»Der Regisseur ist mein Großvater, oder?«

»Richtig.«

»Aber er weiß nicht, dass er mein Großvater ist?«

»Genau.«

Er dachte nach.

»Ist Großvater krank?«

»Ja.«

Das letzte Stückchen Apfel aß er nun selbst.

»Das mit der Schauspielerei ist vielleicht gar nicht schlecht«, sagte er schließlich.

Ich lächelte. Mir gefiel, wie er dachte und seine Fragen stellte.

Dann brach ich auf, weil ich so weit weg wie möglich sein wollte, wenn mein Bruder gleich die Ringe sehen und bei ihrem Anblick die einzelnen Phasen seiner Wut durchlaufen würde. Er würde mich hassen, mir niemals verzeihen wollen. Wenn unsere Beziehung nicht sowieso schon am Ende gewesen war, würde sie es jetzt sein.

Aber das bedeutete vielleicht, dass Vater seinen Abschluss bekommen würde. Ich war erschöpft, aber glücklich. Nun musste ich nur noch zu ihm nach Hause fahren und ihn anziehen, um mit ihm zusammen den letzten Tag vor Drehbeginn zu genießen.

Auf der Rückfahrt gingen mir die Kästchen nicht aus dem Sinn. Ich wollte so gerne wissen, was sich darin befand.

Es würde sich auf jeden Fall um ein Geschenk aus der Vergangenheit handeln, um eine Gabe mit Geschichte. Wie diese alten Weine, die schon ewig in ihren Fässern reiften. Hier waren die Fässer kleine Kästchen aus Holz.

Vielleicht sollte ich mir das Geschenk erst angucken, bevor ich zu Vater zurückkehrte. Es kam mir vor, als wäre ich damit noch einmal mit Mutter vereint. Vielleicht würde sie mich überzeugen können, dass ich hier das Richtige tat. Als ich an meinem Elternhaus ankam, setzte ich mich zu diesem Zweck sogar zum ersten Mal auf die Bank, die Vater gebaut hatte; das war mir heute irgendwie ein Bedürfnis. Ich war müde, aber meine nächtliche Aktion war nötig gewesen.

Beim Blick von der Bank aus hinunter auf den See und das Haus, auf das Fußballfeld, hatte ich jetzt wirklich das Gefühl, heimgekehrt zu sein.

Während ich das Geschenk langsam öffnete, achtete ich darauf, vernünftig zu atmen, damit dieser Augenblick ewig dauerte und ich ihn hundertmal wieder heraufbeschwören konnte.

Ich hatte Angst, die ganze Sache flößte mir Respekt ein. Mutters Geschenke waren immer wohlüberlegt und etwas ganz Besonderes gewesen, dahinter hatte stets eine besondere Absicht gesteckt.

Als ich das Kästchen geöffnet hatte, überkamen mich so gewaltige Emotionen, dass der Moment mit keinem anderen in meinem Leben vergleichbar war. Was sich da in der kleinen Box befand, sah im ersten Moment wie eine Uhr aus, ja, wie eine goldene Taschenuhr. Aber als ich auf den Knopf in der Mitte drückte und der Deckel aufsprang, entdeckte ich, dass sich dahinter ein Kompass verbarg.

Ein zauberhafter, detailliert gearbeiteter Kompass, bei dessen Herstellung auf jede Einzelheit geachtet worden war.

Ich stellte mir vor, wie Mutter ihn entworfen und mit ihrem Bruder darüber gesprochen hatte, wie er das Design dann für sie umgesetzt hatte. Jedes farbige Detail löste eine andere Emotion in mir aus und schickte mich zurück an einen Ort meiner Kindheit.

Die anderen drei Kompasse waren bestimmt ganz anders, nahm ich mal an – Mutter hatte im Leben nämlich nichts wiederholt.

Trotz meiner Begeisterung über dieses Geschenk verstand ich nicht so ganz, warum sich Mutter ausgerechnet für einen Kompass entschieden hatte. Aber dann entdeckte ich die winzigen Buchstaben. Mutter hatte eine ganz kleine Schrift mit sich eng aneinanderdrängenden Buchstaben. Sie sagte immer, dass so nichts verloren gehen würde, dass sich auf diese Weise jeder Buchstabe am Nachbarn festhalten konnte und keine Angst zu haben brauchte.

Sie erklärte, dass mutige Worte auch furchtlose Buchstaben brauchten. So war meine Mutter …

Sie zeigte uns immer, dass große Dinge aus kleinen bestehen. Wenn man die kleinen Dinge pflegt, dann werden sie sich in große verwandeln. Wenn man sich nur um die großen kümmert, bleibt man hingegen immer klein.

Ich las die Widmung im Deckel mit ihrer winzigen Schrift. Dort stand: *Verlorenes Lächeln.*

Da wurde mir erst klar, dass der Zeiger des Kompasses auf mich zeigte, und ich konnte gar nicht anders, als zu lächeln. Mutter hatte mir einen Kompass geschenkt, der nicht den Norden anzeigte, sondern mein verlorenes Lächeln. Sein Zeiger deutete auf mich, auf die Fundgrube des verlorenen Lächelns.

Wieder begann ich zu strahlen, bevor ich dann den Kompass langsam zuklappte, der mich nun bis ans Ende meiner Zeiten begleiten würde.

Vermutlich verwiesen die Kompasse in den anderen Päckchen auf andere Dinge, von denen meine Mutter geglaubt hatte, dass sie meinen Brüdern guttun würden.

Wieder lächelte ich und umklammerte meinen Kompass fest. Noch war es draußen dunkel, und in diesem Moment riefen mich Vaters Schmerzensschreie vom Haus her in die Gegenwart zurück. Mir wurde wieder bewusst, was jetzt anstand, was ich nun tun würde. Auf dem Weg zum Haus erinnerte ich mich an einen ähnlichen Augenblick, an den großen gemeinsamen Moment von Vater und mir. Er ereignete sich, als Mutter sich um unsere Großmutter kümmern musste, die an derselben Krankheit wie später sie selbst starb. Vielleicht liebte der Große das Gestüt ja so sehr, weil Mutter ihn damals dorthin mitnahm. Die Zwillinge waren im Ferienlager, darum blieben im Haus am See nur Vater und ich zurück. Ich weiß noch, wie ich vom See zurückkehrte und mir der Tabakgeruch in die Nase stieg. Er kam aus dem Arbeitszimmer, so als wollte Vater damit sein Terrain abstecken und mir klarmachen, dass er dort arbeitete.

Ich kam mit meinem Fußball allein vom Spielen zurück. Mutterseelenallein, aber glücklich.

Heute hatte ich keinen Ball dabei, aber diesen Kompass.

Damals war es schon spät, und ich konnte nicht einschlafen. Ich spielte mit der Taschenlampe unter der Bettdecke, als Vater hereinkam, sich auf das Bett des Ältesten setzte und mir eine Geschichte erzählte.

Ich hatte dabei allerdings die ganze Zeit das Gefühl, dass er sie gar nicht konkret mir erzählte. Ich war einfach nur das Publikum für eine Idee, die er an irgendjemandem ausprobieren wollte. Sonst war meine Mutter immer die Glückliche, mit der er seine Ideen teilte.

Ich fragte mich, ob wir am nächsten Tag vielleicht diese Story verfilmen würden, weil es die einzige war, die etwas mit uns zu tun hatte.

Dabei lagen in seinem Büro Unmengen von Notizbüchern mit Ideen für Geschichten. Leider konnte nur sein eigenes Gehirn diese kurzen Sätze, Personenbeschreibungen und Szenen interpretieren. Deswegen würde das jetzt alles bald verloren sein, was ich wirklich traurig fand, eine echte Schande. Hunderte von Notizblöcken würden in ein paar Wochen verwaist zurückbleiben. Als ich ins Haus ging, erwartete mich die Krankenschwester an der Tür und warnte mich, weil es meinem Vater schlechter ging als je zuvor. Ich sagte ihr, dass sie jetzt aufbrechen und sich um die Ihren kümmern konnte, weil ich von diesem Moment an bei ihm bleiben würde.

Das akzeptierte sie, vielleicht ein wenig zu rasch, und ging packen. Ich hingegen machte mich auf den Weg nach oben, wo Vater in seinem Schlafzimmer nur mit einem Laken bedeckt lag und im Halbschlaf vor sich hin schrie. Nun erzählte ich ihm die Geschichte, die ich vor so vielen Jahren aus seinem Mund gehört hatte.

»Es war einmal ein Junge ohne Freunde, der sich einsam fühlte ...« So ging die Geschichte los, bei deren Beginn ich damals nicht unter meiner Decke hervorgekommen war. Vater zeigte auch keine Reaktion.

Ich fuhr fort: »Aber eines Tages schloss er Freundschaft mit einem Jungen, der auch Einzelkind war. Sie ähnelten einander, waren gleich alt und trugen dieselbe Frisur, waren beide große Träumer ...«

Ich weiß noch, dass Vater damals an dieser Stelle innegehalten und sich erst einmal eine Zigarre angesteckt hatte. Mein Gesicht war vom Licht der Taschenlampe erleuchtet gewesen und seins vom dem der Zigarre.

»Diese beiden Jungen freundeten sich sofort miteinander an. Zusammengeführt hatte sie reiner Zufall, aber sie fühlten sich bald wie Brüder. Während jenes langen Sommers trafen sie sich jeden Tag in einem Schwimmbad mit kristallklarem Wasser und verbrachten dort den Tag, weit weg von ihren Eltern.

Bis sie einander irgendwann ein großes Geheimnis anvertrauten. Du weißt schon, dieses große Geheimnis, das wir alle haben, aber vor den anderen verbergen!«

Ich erinnere mich noch daran, dass ich damals selbst kein großes Geheimnis gehabt hatte. Deshalb hatte ich eine nachdenkliche Miene aufgesetzt, weil mir nicht so ganz klar gewesen war, was damit gemeint war.

Und jetzt bemerkte ich, dass es Vater genauso ging. Ich sprach einfach weiter.

»Sie wollten beide fliegen, wünschten sich ein Paar Flügel, um ihr Leben mit all seinen Gegebenheiten hinter sich zu lassen. Deshalb beschlossen sie, beide jeden Tag ganz fest an diesen Wunsch zu denken. Bevor sie im Schwimmbad ins Wasser gingen, zogen sie sich das T-Shirt aus und schauten im Spiegelbild ihren Rücken an, um zu sehen, ob die Flügel bereits zu wachsen begannen.

Auf der Wasseroberfläche guckte sich jeder das Abbild des anderen an und wünschte sich für ihn so sehr seine Flügel.

Aber sie hatten kein Glück, auf ihren Schulterblättern war nichts zu sehen. Sie ließen sich jedoch nicht entmutigen, weil sie wussten, dass die Schwingen früher oder später sprießen würden.

Und deshalb machten sie jeden Tag dasselbe: Sie standen um acht Uhr auf, gingen ins Schwimmbad, zogen sich das T-Shirt aus und betrachteten ihren Rücken auf der Oberfläche dieses durchsichtigen Wassers.

So verlief Tag für Tag der Sommer, und diese Routine gab ihnen das Gefühl, etwas ganz Besonderes zu sein ...«

Damals war ich an diesem Punkt der Geschichte unter meinem Laken hervorgekommen, so wie mein Vater es jetzt tat. Diese Erzählung faszinierte uns im selben Moment auf dieselbe Art und Weise. Ich sprach weiter, kam zum Höhepunkt der Geschichte.

Bevor er mir den Schluss erzählte, hatte mir Vater damals noch erklärt, dass er immer auf der Suche nach einem

Ende war, das eine Geschichte wert war. Und wenn er dann einen guten Schluss hatte, entwickelte er dazu die Story.

Als mir Vater das Ende der Geschichte erzählte, ging er vom »Er« zum »Ich« über. Und da wusste ich, dass es ein persönliches Erlebnis von ihm war, oder wollte das zumindest glauben.

»Am letzten Tag des Sommers lief ich zu meinem Freund, um ihn abzuholen. Bei ihm zu Hause jedoch waren die Rollläden runtergelassen, und als ich klingelte, machte mir niemand auf. Aber dann traf ich seine Mutter auf der Straße. Sie sagte mir, dass mein Freund einen Herzinfarkt gehabt hatte und gestorben war.

Ich konnte es nicht glauben, fing vor seiner Mutter zu weinen an und konnte damit den ganzen Tag nicht mehr aufhören.

Als mich mein Großvater so sah, wollte er wissen, was denn los war. Ich erklärte es ihm, und er fand, dass ich gar nicht zu weinen brauchte. Schließlich hatte mein Freund sich seinen Traum erfüllt, endlich hatte er seine Flügel bekommen und hatte damit davonfliegen können.

Also hörte ich auf zu weinen, und wenn ich an meinen Freund zurückdachte, lächelte ich jedes Mal. Weil ich die Wahrheit kannte, eine Wahrheit, die der Rest der Welt nicht verstehen würde. Mich würden wohl alle für verrückt erklären, wenn ich ihnen diese Sache erzählen würde.

Von diesem Tag an trete ich im Schwimmbad immer bis an den Rand des Beckens, und dann kommt es mir so vor, als würde ich dort das Spiegelbild meines Freundes mit seinen Flügeln sehen. Als würde er über mich wachen und mich beschützen …«

Nach dem Ende seiner Geschichte hatte ich damals Vater fassungslos angestarrt. Er war glücklich; ich spürte, wie toll er es fand, mich mit seiner Story gepackt zu haben.

Dieses Mal war Vater derjenige, der ganz ergriffen war und weinte. Ich wusste nicht, ob dieses Erlebnis wirklich ein Teil seiner Kindheit war. Keine Ahnung … Vielleicht war der Freund aus der Geschichte in Wirklichkeit ja seine Mutter gewesen.

Ich weiß noch, dass ich damals nach der Erzählung zu ihm rüberging und sagte: »Da wachsen sie ja schon«, während ich ihm über den Rücken strich.

Sein Lächeln rührte vermutlich daher, dass ich einen noch besseren Schluss gefunden hatte.

Aber als ich ihm heute die Geschichte erzählt hatte, die ich einst aus seinem Mund gehört hatte, reagierte mein Vater auf andere Weise. Was er nun sagte, hätte ich wirklich nicht erwartet, und es lief mir dabei eiskalt den Rücken hinunter: »Besorg mir doch bitte diese Flügel. Ich kann nicht mehr. Hilf mir, zu gehen, Ekaitz.«

Er war wieder da, mein Vater war zurückgekehrt. Aber diese Illusion dauerte nur einen Moment, direkt nach diesen Worten schlief er nämlich auch schon ein.

Ich bin für sie geschwommen.
Und ich werde für ihn schwimmen.

Da ich jetzt ganz allein für ihn verantwortlich war, kümmerte ich mich den Rest der Nacht um Vater. Das waren drei harte Stunden, und ich fand es grauenhaft, wie sehr er litt. Vater hatte ganz furchtbare Schmerzen, deshalb hörte er die ganze Zeit nicht auf zu schreien. Ich hockte dabei neben seinem Bett und wachte über ihn. Wenn mir etwas naheging, ich aber nichts dagegen tun konnte, ging ich immer in die Hocke.

Vater begleitete jeden seiner Schreie mit einem seiner Filmdialoge. Ich glaube, das war seine Medizin. Nachdem er den Dialog gesprochen hatte, legte sich kurz ein Lächeln über seine schmerzverzerrten Züge. Das dauerte jedoch nur ein paar Sekunden, und dann kehrte die Qual zurück. Es waren heilende Dialoge ... Irgendwann kam Vater für kurze Zeit zur Ruhe, vorher brachte er jedoch noch einen letzten Satz hervor: »Du wirst alles sein, was du sein willst.« Das hatte seine Mutter ihm als Widmung in das Buch geschrieben, das dann ich geerbt hatte. Und plötzlich war mir alles sonnenklar. Vielleicht durch die Art und Weise, wie er diesen Satz aussprach, oder vielleicht, weil ich jetzt alle Informationen hatte. Manchmal ergibt sich aus den Einzelteilen erst dann ein klares Gesamtbild, wenn man dazu bereit ist, es zu verstehen.

Mein Vater feierte seinen Geburtstag nicht mehr, weil seine Mutter genau an diesem Tag gestorben war. Und dieses Buch hatte sie ihm vermutlich als Geschenk zu seinem achten Geburtstag gekauft. Jetzt fragte ich mich zum ersten Mal, ob die Widmung in diesem Buch vielleicht auch ihr letzter Satz gewesen war, das Epitaph meiner Großmutter.

Und möglicherweise war es ja auch gar kein Fehler gewesen, dass er mir dieses Buch geschenkt hatte. Womöglich hatte er sich gar nicht vertan, als er es mir gab. Vermutlich hatte er mir dieses Epitaph seiner Mutter, sein Erbe, vermachen wollen, als ich dasselbe Alter erreicht hatte wie damals er selbst.

Nun schaute ich Vater dabei zu, wie er endlich friedlich schlief. Die Falten in seinem Gesicht waren verschwunden, oder es kam mir zumindest so vor. Bestimmt hatte er jetzt, wo er alles vergaß, viel weniger Sorgen. Das merkte man seiner Miene an; er sah nämlich viel jünger aus als bei unserer letzten Begegnung.

Als ich ihn jetzt liebevoll streichelte, konnte ich mich nicht daran erinnern, das je zuvor getan zu haben.

Er lächelte unter meiner Berührung … bis er wieder vor Schmerz zu stöhnen begann. Dieser verdammte Krebs machte es ihm nicht leicht. Aber bald verschwand alles wieder, weil er es durch die verfluchte Alzheimerkrankheit vergaß, deshalb zeigte er schnell wieder eine frohe, entspannte Miene. Diesen Zyklus durchlief er ein ums andere Mal.

Aufmerksam betrachtete ich Vater, während ich ihn weiter liebkoste, beobachtete die Mischung aus Freude und Schmerz auf seinen Zügen. Es war schwierig, das mit anzusehen und nicht an diesem Schmerz teilzuhaben. Ich kam mir so nutzlos vor, weil ich gegen keines seiner beiden Leiden etwas tun konnte. Nicht gegen jenes, das ihm so viel Schmerz zufügte, und auch nicht gegen das andere, das ihn alles vergessen ließ.

Vater hatte mir von klein auf immer wieder eingetrichtert, wie wichtig es war, auf alles bestens vorbereitet zu sein.

»Wenn du dein Projekt nur gut genug vorbereitest, wird auch alles perfekt laufen«, sagte er oft. Und vermutlich ging bei seinen Filmen immer alles glatt, weil er diese Maxime auch bei seinen Drehs befolgte.

Ich hingegen konnte ihm keine Lösung bieten, weil ich ja nichts über seine Krankheiten wusste. Deshalb wäre es wohl am besten, wenn ich mal mit dem Arzt auf der anderen Seite des Sees spräche. Seit Mutters Tod war ich nicht mehr bei ihm gewesen.

Damals hatte ich angefangen, quer durch den See zu schwimmen, um Zeit zu gewinnen. Ich dachte, dass ich damit schneller sein würde, als wenn ich am Ufer entlanglief.

Aber ich schaffte es nicht bis zum Arzt und musste nach der Hälfte wieder umkehren. Dabei weinte ich bittere Tränen, die den See anschwellen ließen.

Seitdem hatte ich nie wieder im See gebadet, als wäre sein Wasser ein Teil von mir. In diesem See ruhte meine DNA, aber es handelte sich dabei um den schmerzvollsten, am wenigsten akzeptierten Teil von mir. Um das schwerste meiner Kindheitstraumata.

Nun wurde mir klar, dass ich dorthin zurückkehren und wieder schwimmen musste.

Ich war für sie geschwommen. Nun würde ich für ihn schwimmen.

Und vielleicht wäre dieser Weg aus Schmerz und Tod dieses Mal ja anders, würde mich erfüllen.

Bevor ich ging, deckte ich Vater noch mit einer Decke zu. Ich wollte gern glauben, dass er nicht aufwachen würde und dass mich Mutter auf meinem Weg durch den See beschützen würde. An die Sätze, die Vater nach der Geschichte zu mir gesagt hatte, wollte ich jetzt lieber nicht denken.

Am schwierigsten ist die Rückkehr

Ich griff nach der Taschenlampe, die stets auf der Veranda lag, und machte mich auf den Weg zum See. Der kleine Pfad dorthin war immer mit Laub übersät, das ihn wie eine Haut bedeckte.

Diese Blätter knirschten unter meinen Schritten, als würden sie mich damit kurz vor dem Morgengrauen begrüßen.

Ich hatte das Gefühl, dass sie mich beobachteten, als würden sie mich noch von früher kennen und wären jetzt von meinem Alter, meiner Größe und meinem Gewicht überrascht. Durch diese Veränderungen bei mir war das Geräusch tiefer. Ich trat kraftvoll auf, und das Laub gab andere Töne von sich. Plötzlich hatte ich das Gefühl, dass ich schon seit Ewigkeiten nicht mehr gespielt hatte, nicht mehr an die Welt der Fantasie glaubte.

Nach und nach entstand durch das Knirschen eine Melodie, während ich den Lebensraum meiner Kindheit neu entdeckte.

Als ich das Ufer des Sees erreichte, brauchte ich einige Sekunden, bevor ich Kontakt mit dem Wasser aufnahm. Hinter meiner Stirn hallte der gleiche Satz wie am Fußende von Vaters Bett wider: Ich bin für sie geschwommen, ich werde für ihn schwimmen.

Nun zog ich mich aus, weil ich zum zweiten Mal in meinem Leben ohne Kleidung schwimmen würde. Ich würde meinen Komplex überwinden und mich mit meiner Fehlbildung vor dem Universum entblößen, den Tunnel zu meiner Seele zeigen.

Das musste ich einfach tun, und ich verspürte jetzt auch keine Scham mehr.

Auch die eisige Temperatur des Wassers störte mich nicht, sie war für diesen Moment ideal, weil mein Körper genau so etwas jetzt brauchte.

Zwei Sekunden später befand ich mich auch schon im Wasser und kraulte los, in einem schnellen, gleichmäßigen Rhythmus.

Meine Mutter fand ja immer Brustschwimmen besser. »Das ergibt so tolle Herzen«, sagte sie. So hatte sie mir das Brustschwimmen auch beigebracht. Wir hatten mit den Armen Herzen gebildet, große, weite Herzen.

Und jetzt spürte ich, dass ich hier mit ihr zusammen schwamm, mit dem Teil von ihr, der im See ruhte. Ich im Kraul-, sie im Bruststil.

Mutter hatte uns so viel Leidenschaft und Liebe mitgegeben, und das alles war durch ein paar Gramm Hass auf Vater zugrunde gegangen.

So sollte diese Welt wirklich nicht sein; wertlose Dinge sollten nicht so schwer wiegen. Daran dachte ich mit jeder Armbewegung, und mir wurde klar, dass dieser Hass meine ganze Persönlichkeit überschattet hatte.

Nach und nach verschwanden all diese Gedanken, verließen meinen Verstand – bis ich irgendwann einfach nur noch schwamm, was sich unglaublich gut anfühlte.

Das eisige Wasser kühlte all meinen angestauten Hass ab, und das plätschernde Geräusch stabilisierte mich. Ich glaube, in mir entstand in diesem Moment etwas, was ganz stark an Glück erinnerte.

Und dann legte sich nach und nach ein so strahlendes Lächeln über meine Züge wie dasjenige, das Mutter immer in ihrer geschlossenen Faust verborgen hatte.

Und so legte ich den Rest des Weges zurück – in gleichmäßigem Rhythmus und mit einem Lächeln auf den Lippen.

Fragt mich nicht, wie lange ich dafür brauchte; das kann ich gar nicht sagen, weil die Zeit für mich zum ersten Mal seit Jahren keine Bedeutung mehr hatte.

Ich empfand, was ich noch nie zuvor gespürt hatte, fühlte mich stark, schnell, energiegeladen.

Als schließlich das andere Ufer in Sichtweite kam, schwamm ich noch schneller. Ich spürte weder Müdigkeit noch Schmerz, gab einfach alles.

Aber als ich das Ufer erreichte, brach schlagartig auch die Erschöpfung über mich herein, als hätte mich plötzlich ein Fieber gepackt.

Der Arzt schien schon geahnt zu haben, was ich tun würde; am Rand des Sees lag nämlich ein weißes Handtuch, das ich mir um die Hüfte band. Auf dem Weg zum Haus wurde dann ein erleuchtetes rundes Fensterchen zu meinem Leuchtturm.

Als ich das Haus betrat, warteten dort schon ein Feuer und eine Tasse warme Milch auf mich. Vom Arzt keine Spur, obwohl der sicher nicht weit war.

Ich beschloss, erst einmal den Moment auszukosten. Wie lange ich schon nichts mehr genossen hatte, hätte ich gar nicht sagen können.

Und deshalb erfreute ich mich jetzt am Feuer, an der warmen Milch und auch daran, dass ich so ohne Kleidung nichts bei mir trug, was mich hätte identifizieren können. Jetzt blieb mir nur dieses neutrale weiße Handtuch, in das ich mich gehüllt hatte. Aber es war mir nicht mehr peinlich, mich in meiner Unvollkommenheit zu zeigen, mit der ich mich plötzlich sogar wohlfühlte. Lange genoss ich mein eigenes Schweigen, bis schließlich der Arzt erschien.

Auch er sagte erst einmal nichts und setzte sich neben mich. Er wusste wohl schon, warum ich gekommen war und dass diese Angelegenheit Zeit brauchte.

Mir war klar, dass ich das Schweigen brechen musste.

Der Doktor sah mich an, und ich fand es schon ziemlich verrückt, wie man im Leben manche Menschen altern sah. Wenn man klein ist, erscheinen einem die Erwachsenen doch unverwüstlich, wie aus einem Guss. Und mit den Jahren begreift man dann, dass auch sie nicht unzerstörbar sind, erkennt erste Risse.

Der Arzt war alt geworden, das sah man ihm vor allem rund um die Augen an. Aber er hatte sich die aufrechte Haltung bewahrt und roch noch immer nach demselben Rasierwasser. Diesen Duft, der ihn umgab, hatte ich sonst nie wieder bei einem anderen Menschen gerochen. Deshalb versetzte er mich an den Tag zurück, an dem Mutter gestorben war.

Wenn ich in ihrem Zimmer dieses intensive Rasierwasser bemerkte, war der Arzt dagewesen. Sein Geruch vergegenwärtigte uns ihre Krankheit. Früher hatte ich dieses Duftwasser immer gehasst, jetzt fand ich es jedoch angenehm, weil es zu den wenigen Dingen gehörte, die seit Mutters Tod unverändert geblieben waren.

»Als junger Mann bin ich jeden Tag einmal quer durch den See geschwommen«, kam mir der Doktor schließlich zuvor. »Und dann hat mein Vater immer das Feuer angezündet, mir ein Handtuch hingelegt und mir eine Tasse heiße Milch gemacht. Wir haben nie darüber gesprochen. Ich habe ihm dafür nicht gedankt, und er hat es von mir auch nicht erwartet.«

Ich nahm einmal an, dass sich der Arzt von mir nun dieselbe Behandlung wünschte, deshalb sprach auch ich ihm keinen Dank aus. Wie sehr wir doch unseren Vätern ähnlich sein wollen, obwohl wir es uns nie eingestehen würden …

»Am Anfang bin ich für mich selbst geschwommen, weil es mir Spaß machte, ich nach einer Herausforderung suchte. Aber am Ende war es dann für ihn, für das Feuer und die Tasse Milch. Nur in diesen Augenblicken hatte ich das Gefühl, dass er sich um mich kümmerte«, fügte der Arzt hinzu. Ich trank etwas von seiner Milch. *Kindheitstraumata*, dachte ich. Dann nutzte ich den Moment der Stille.

»Was erwartet meinen Vater?«

Unsere Blicke kreuzten sich.

»Schmerzen, große Schmerzen. Die glückliche Woche hat nun ein Ende.«

»Die glückliche Woche?«

»Hat die Krankenschwester es dir denn nicht erklärt?«, fragte der Mediziner.

Ich schüttelte den Kopf.

»Während der letzten Tage hat dein Vater durchlebt, was wir als glückliche Woche kennen. Das ist bei Alzheimer-Patienten eine seltsame Phase, in der sie noch halbwegs klar im Kopf sind. Quasi ein letztes Aufbäumen ihrer Lebenskräfte. Doch danach kommt dann das Ende, und sie vergessen alles.« Der Doktor legte eine Pause ein, so als wollte er am liebsten gar nicht weitersprechen. »Es tut mir leid, aber morgen ist diese Woche vorbei.«

Ich nahm einen Schluck und entschied mich, die Sache von der anderen Seite her anzugehen.

»Und sein Krebs, ist der nicht operabel?«

»Dein Vater kämpft mit zwei völlig unterschiedlichen Krankheiten, und keine davon ist heilbar. Es tut mir wirklich leid, aber der Krebs befindet sich bereits im Endstadium, und deinen Vater erwarten jetzt große Schmerzen. Ich dachte, du wärst über alles im Bilde.«

Nun legte sich Stille über den Raum und schien sich endlos auszubreiten. Mehr wollte ich nicht wissen, ich stellte keine weiteren Fragen, dabei kam ich mir wirklich dumm vor. Natürlich hatte ich gewusst, wie schwer krank Vater war, aber ich hätte nicht gedacht, dass jetzt alles so schnell gehen würde.

Ich weiß nicht genau, warum eigentlich. Aber als der Arzt meine Beklemmung bemerkte, nahm er mich mit in die Vergangenheit.

»Ich habe dich an dem Tag, als deine Mutter gestorben ist, durch den See schwimmen sehen. Und ich wusste damals schon, warum du dich auf den Weg gemacht hattest, weil ich nämlich mit jeder Armbewegung deinen Schmerz spüren konnte.«

Ich schaute ihn an. Meine erwachsene Seite ahnte so langsam, dass man für Mutter wohl nicht mehr hätte tun können. Aber ein anderer Teil von mir hasste den Arzt immer noch, weil er ihn für ihren Tod verantwortlich machte.

»Mutter hat es nicht verdient zu sterben. Ich glaube, dass du uns da nicht genug geholfen hast«, brachte ich meine Gefühle ehrlich zum Ausdruck.

Nachdem der kindliche Trotz auf diese Weise die Oberhand gewonnen hatte, sagte ich nichts weiter, meine Worte hatten meine Gefühle schließlich perfekt zusammengefasst. Aber dann machte ich doch noch einmal den Mund auf, und der Satz hatte meine Lippen verlassen, bevor ich es auch nur beschlossen hatte: »Vater hat mich heute gebeten, dass ich ihn von seinem Leid erlöse, dass ich ihm Flügel verleihe, um davonzufliegen. Könntest du mir dabei vielleicht helfen?«

Offensichtlich waren in diesem Moment all meine Gefühle einfach an die Oberfläche gedrungen. Und schließlich war ich aus diesem Grund ja überhaupt hergekommen, hatte deshalb den See durchquert …

»Er will, dass du ihm beim Sterben hilfst?«, fragte mich der Arzt mit ernster Miene.

»Ja. Heute Abend hat er mich zum ersten Mal wieder mit meinem Namen angesprochen. Er hat mich erkannt und diese Bitte an mich gerichtet.«

Ohne ein weiteres Wort stand der Arzt auf und kam nach ein paar Minuten mit einem Kästchen wieder, das er neben meine Tasse stellte. Er gab mir dazu keine Anweisungen, sagte nichts über die nötige Dosis, nur etwas, womit ich nun wirklich nicht gerechnet hätte: »Vor einiger Zeit hat mich dein Vater um dasselbe gebeten. Damals gab es jemanden, der die Schmerzen auch nicht länger ertragen konnte …«

Er fügte nichts weiter hinzu und nannte keine Einzelheiten. Ich wusste nicht, warum er mir das überhaupt erzählte.

Seine Worte ärgerten mich. Ich sprang auf und ging, ohne mich auch nur zu verabschieden. Das Handtuch ließ ich am Ufer liegen und kehrte schwimmend nach Hause zurück, wobei ich das hermetisch verschlossene Kästchen in der Hand hielt.

Ich schwamm, so schnell ich konnte, und wollte dabei nicht nachdenken, nicht eine einzige Sekunde auf den letzten Satz des Arztes verschwenden.

Aber das fiel mir schwer. Wie immer im Leben ist die Rückkehr das Schwierigste. Nach der Hälfte des Weges brach der Morgen an.

Beulen, die für geteiltes Leben stehen

Zurück in meinem Elternhaus, wo Vater wimmernd schlief, stellte ich mich erst einmal unter die heiße Dusche. Hier erwarteten mich weder ein Handtuch noch warme Milch.

Ich blieb unter dem Wasserstrahl stehen, bis mein Körper wieder eine ganz annehmbare Temperatur hatte. Dabei versuchte ich, den Worten des Arztes nicht allzu viel Bedeutung beizumessen. Aber vermutlich hat jede Familie so ihre Geheimnisse, und unsere bildete da keine Ausnahme.

Vater kam ins Badezimmer, als ich den Raum gerade verlassen wollte. Er wirkte glücklich, auf seinen Zügen lag ein merkwürdiges Lächeln.

»Du bist ja früh aufgestanden«, sagte er und strich mir über den feuchten Rücken.

Ich konnte mich nicht daran erinnern, dass Vater je meine Haut berührt hatte. Vielleicht bei meiner Geburt, später aber nie mehr.

»Ja, schon.« Das enthüllte Geheimnis hatte mich wortkarg gemacht.

»Heute ist unser Tag zum Nachdenken«, erklärte er lächelnd.

»Unser Tag zum Nachdenken?«

»Ja, wie vor jedem Dreh ... der Tag zum Nachdenken.« Er betrachtete mich verblüfft, weil ich mich nicht daran zu erinnern schien.

»Ja, ja, klar«, nickte ich.

»Und deshalb sollten wir heute irgendwas Verrücktes machen, dafür ist dieser Tag doch da. Schließlich liegen jetzt zwölf Wochen Dreh vor uns.«

Er lächelte und hatte da offensichtlich bereits etwas im Sinn, irgendeine erste Verrücktheit.

»Hast du schon mal nackt im See gebadet?«, fragte er.

Ich lächelte, und nur Minuten später sprang ich draußen wieder ins Wasser. Dieses Mal genoss ich es auf neue Art und Weise, schließlich empfindet man die Dinge in der Gesellschaft von anderen ganz anders.

Vater war zufrieden, strahlte fast völlige Glückseligkeit aus.

Während wir so im See schwammen, versuchte ich mich an andere Tage des Nachdenkens vor seinen Filmdrehs zu erinnern. Sicher hätte ich doch etwas davon mitkriegen müssen ...

Doch eines zumindest war klar: Uns hatte er dabei nie einbezogen, bei uns zu Hause hatte es nicht viele verrückte Sonntage gegeben. Aber schließlich schenkte mir mein Gedächtnis dann doch noch die Erinnerung an einen Tag, den ich fast vergessen hatte.

Mit 15 war ich mal mit einem verbeulten Auto zurück nach Hause gekommen, das ausgerechnet Vater gehörte.

Als ich damals ankam, saß Vater mit seinem Regieassistenten auf der Veranda, und die beiden waren mindestens genauso betrunken wie ich. Jetzt erinnerte ich mich bei Vater an ein Lächeln, das seinem momentanen ähnelte, und fragte mich, ob das vielleicht einer dieser Tage zum Nachdenken gewesen war.

Vater sah mir damals beim Parken zu, betrachtete die Beule an der Seite des Wagens und kam näher.

Ich erwartete eine drakonische Strafe, hatte Angst, weil ich ihm das Auto geklaut und verbeult hatte. Dabei war ich noch nicht einmal volljährig und obendrein betrunken.

Zunächst einmal zog sich der Moment ewig in die Länge, während Vater einfach nur schweigend dastand. Er betrachtete die Beule, schaute dann schließlich mich an und sagte: »Eine verrückte Nacht, was?«

Ich hatte das Gefühl, dass ich in diesem Moment besser so wenig wie möglich sagte, darum murmelte ich nur: »Tut mir leid …«

Da griff Vater nach einer Harke, die in der Nähe stand, und ging damit auf die andere Seite der Karosserie los. Er verpasste dem Wagen eine weitere Beule genau auf der gegenüberliegenden Seite.

»Beulen verleihen uns Leben. Und dieses Leben haben wir heute Nacht geteilt.«

Dann reichte er mir ein Bier und drehte sich wieder zu seinem Regieassistenten um.

Zwei Wochen nach jenen Beulen wurde Mutter krank, und diese emotionale Beule veränderte uns alle.

Plötzlich holten mich Vaters Schreie zurück in die Gegenwart, und ich erkannte an seiner Miene, dass er völlig verloren war.

Er hatte mit einem Mal vergessen, wo er sich befand und wer er war. Da er schreiend zu ertrinken drohte, wusste er vermutlich nicht einmal mehr, dass er schwimmen konnte.

Und dieses Mal klangen seine Schreie anders, entsprangen einem Gesicht, das um den Verlust der Erinnerungen, um die plötzliche Dunkelheit zu wissen schien. Tief in Vater ahnte irgendetwas wohl immer noch, wer er einst gewesen war. Dass er am ganzen Leib zitterte, lag nämlich nicht nur an der Kälte.

Ich schwamm zu ihm rüber, packte ihn und zog ihn aus dem Wasser, so gut ich konnte. Keine Ahnung, wie ich das überhaupt schaffte, schließlich wog er viermal so viel wie ich.

Vater war bewusstlos. Als er jetzt so nackt dalag, hatte sich auf seinen Zügen ein Ausdruck völligen Friedens ausgebreitet. Und da fragte ich mich plötzlich, warum ich ihn überhaupt aus dem Wasser geholt hatte, schließlich wollte er doch sterben und hatte mich darum gebeten, ihm dabei zu helfen. Aber in diesem Moment hatte bei mir wohl der pure Überlebensinstinkt die Oberhand behalten.

Langsam kam Vater wieder zu sich, wie ein Computer nach dem Neustart.

Ich wusste, dass die glückliche Woche zu Ende ging, so wie der Arzt es gesagt hatte.

Als ich Vater beim Aufstehen half, sagte er nichts dazu, was passiert war, und ich auch nicht.

Aber er sprach auf dem Weg zurück zum Haus mit mir, das war ihm wohl ein Bedürfnis. Er musste sich mit mir aussprechen. Und wer da mit mir redete, war wirklich er, mein Vater. Er drückte sich deutlich aus, ohne Umschweife, ohne mir mit irgendwelchen Märchen zu kommen.

»Weißt du, was am schlimmsten ist? Zu sehen, wie die Leinwand langsam schwarz wird. Schließlich kriege ich mit, wie alles verschwindet. Das merke ich, und es macht mir Angst. Ich will deine Mutter nicht vergessen und auch dich nicht, oder das Kino, oder meine Ängste und Fehler … Lass das nicht zu … Lass nicht zu, dass alles verschwindet, ich will mit diesen Dingen gehen …«

Dann verlor er wieder das Bewusstsein, und als er aus seiner Ohnmacht aufwachte, war er nicht mehr er selbst.

Am Ende der glücklichen Woche musste ich nun die Initiative ergreifen. Deshalb schlug ich Vater eine verrückte Idee vor, oder vielmehr einen verrückten Ort. Einen Ort, an dem ich mich einst wohlgefühlt hatte und an dem es ihm auch gefallen würde.

»Möchtest du gern in ein Hotel mitkommen, wo abends ein alter Mann Zitate als Denkanstöße aufs Kopfkissen legt?«

Er nickte. Ich konnte spüren, dass sich irgendetwas in ihm über meinen Vorschlag freute, auch wenn von ihm nichts mehr übriggeblieben war.

Es ist ja nicht so, als hätte ich dir nichts zu sagen, ich hab dir nur einfach schon alles gesagt

Das Hotel befand sich in einer Entfernung von fast sechs Stunden, und Vater schwieg auf dem gesamten Weg dorthin. Auch ich sagte nichts.

Manchmal hat man im Leben für einen anderen Menschen einfach keine Worte mehr. Es ist dann nicht so, als hätte man sich nichts zu sagen, man hat sich nur einfach schon alles gesagt.

Als wir ankamen, war es schon fast dunkel. Wie schön dieses kleine Dörfchen war …

»Hast du Hunger, Vater?«

Er antwortete nicht, aber ich wollte unsere gemeinsame Mahlzeit gerne zu etwas ganz Besonderem machen und wusste, dass Vater gern Muscheln aß. Auf seinen Reisen hatte ich ihn nur ein einziges Mal begleitet, nach Brüssel, und damals hatte er sechs riesige Teller Miesmuscheln verputzt.

Die Reise hatte er seinerzeit unternommen, weil er für einen Film einen Schlachthof suchte, und ich wusste wirklich nicht, warum er mich mitgenommen hatte. Ich war damals erst acht Jahre alt – entsprechend verschwommen war meine Erinnerung. Ich meine, dass das gefundene Schlachthaus damals genau Vaters Vorstellungen entsprach und dass er deshalb begeistert, geradezu aufgedreht war.

Deswegen wollte er seinen Fund mit einem Festessen feiern und erzählte mir, dass nichts auf der Welt ihn glücklicher machte als Muscheln mit Pommes. Ich aß davon nichts, weil ich in jener Zeit immer genau das Gegenteil von dem machte, was er mir vorschlug.

Es heißt doch, dass der Geschmackssinn das Letzte ist, was man vergisst. Deshalb nahm ich Vater jetzt mit in das beste Fischrestaurant der Gegend und bestellte dort eine riesige Portion Muscheln mit Pommes frites.

Als das Essen kam, veränderte sich Vaters Gesichtsausdruck nicht. Seit seinem letzten lichten Moment, gefolgt von der Ohnmacht, hatte er einfach keine Energie mehr.

Aber als er dann die erste Muschel aß, verwandelte sich seine Miene völlig. Es kam mir vor, als hätte ich ihm neue Kraft verliehen, ihm ein paar neue Neuronen geschenkt.

Mit jeder weiteren Muschel kehrte etwas mehr von seinem früheren Selbst zurück. In diesem Restaurant am Strand fühlte ich mich ihm bei unseren Muscheln und Fritten ganz nahe.

Denn dieses Mal teilte ich die Mahlzeit mit ihm, weil ich durch seine Leidenschaft an ihn herankommen wollte, und am Ende wuchs sich die Sache dann sogar zu einem kleinen

Wettessen aus. Wir wollten beide gern sehen, wer von uns wohl mehr Muscheln verdrücken konnte, und Vater kam mir geradezu ausgelassen vor.

Als wir die riesige Platte geleert hatten, bestellten wir noch eine, und später eine dritte.

Mit der letzten Muschel schaute Vater mich an und erinnerte sich wieder. Ganz langsam kehrte er zurück, weil dieses Essen ihm wieder etwas Leben eingeflößt hatte.

»Wie an dem Tag mit dem Schlachthof«, sagte er leise. »Der sah dann im Film wirklich gut aus, findest du nicht?«

Ich wusste selbst nicht so genau, warum, entschloss mich an diesem Punkt jedoch zur Ehrlichkeit: »Ich habe noch nie einen deiner Filme gesehen, Vater.«

Da legte sich plötzlich eine Traurigkeit über sein Gesicht, wie ich sie noch nie bei ihm wahrgenommen hatte. Schließlich war das Kino sein Leben, die Filme seine liebsten Kinder, er atmete doch quasi im Rhythmus des 35-Millimeter-Films.

»Warum denn?«, fragte er jetzt.

Wie kurz angebunden diese Frage klang. Und genau in diesem Moment fegte plötzlich wie eine Antwort der Wind über uns hinweg, die Tramontana meldete sich zu Wort. Es kam mir vor, als hätte sich das Universum dem Wehklagen dieses Mannes angeschlossen.

»Weil ich dich gehasst habe, dich und deine Welt. Immerhin hat das Kino dich von uns weggeholt, und es will doch kein Sohn die Geliebte seines Vaters kennenlernen.«

Die angespannte Situation wurde vom Kellner unterbrochen, der fragte, ob wir gerne Nachtisch wollten. Wir antworteten wie aus einem Munde.

»Gegrillte Muscheln!«, riefen wir beide aus.

Und dann verspeisten wir eine vierte Portion.

»Ich fände es schön, wenn ihr euch doch noch kennenlernen würdet«, sagte Vater mit der letzten Muschel.

»Deine Geliebte und ich?«

»Du und meine Geliebte. Mein Kino … meine Welt. Ihr existiert schließlich beide nebeneinander, und ich weiß nicht, ob ich mir die Filme je wieder mit dir zusammen anschauen kann. Es wäre ein großes Geschenk für mich, wenn ich deine Reaktionen darauf beobachten könnte. Ein Geschenk, das ich vielleicht nicht verdient habe, aber ist das nicht bei allen guten Geschenken so? Dass man sie eigentlich nicht verdient hat?«

Schweigen breitete sich aus. Jetzt blies die Tramontana nicht mehr, weil sie wollte, dass man mein leises Ja hörte.

Ich wusste, dass nun der Moment für meine Fragen gekommen war, dass wir jetzt ehrlich zueinander sein mussten.

»*Du kannst alles sein, was du willst* – das war das Epitaph deiner Mutter, nicht wahr?«

Er nickte. Die zweite Frage war dann schon nicht mehr so einfach: »Und diese Ringe hat in Wirklichkeit niemand gestohlen, oder?«

Wieder das Nicken, und dann zeigte mir Vater seinen Daumen. Unter dem breiten Ring, den er an diesem Finger trug, waren, immer noch eng zusammen, die anderen beiden verborgen.

Die dritte Frage war am schwierigsten und kompliziertesten: »Die ganze Sache mit den Ringen, die Strafe und dass wir nicht zu Mutter durften ... Das hast du dir also nur ausgedacht, um ihr einen würdigen Abgang zu ermöglichen? Damit sie dem Schmerz entkommen konnte, ohne dass wir dabei stören?«

Als ich nun das kleine Kästchen auf den Tisch stellte, erkannte Vater es sofort, er erinnerte sich wieder.

Ich wusste, dass diese Minuten unsere letzten gemeinsamen Augenblicke als Vater und Sohn sein würden. Wie der Arzt mir erklärt hatte, würde Vater danach erlöschen, und dann würde nur noch Schmerz übrigbleiben.

Er griff nach dem Kästchen und schnupperte daran.

»Es riecht immer noch nach deiner Mutter. Das hat sie damals in der Hand gehalten, während ...« Er verstummte. »Das war nicht einfach, sondern eine der schwierigsten Entscheidungen meines Lebens. Sie hatte mich monatelang angefleht, bis ich dann endlich ...«

Wieder legte Vater eine Pause ein, so als suchte er nach dem passenden Verb, um das zu beschreiben, was er da getan hatte.

»... nachgab. Sie wollte euch an diesem Tag gerne weit weg wissen. Eure Mutter hat mir das Versprechen abgenommen, dass ich euch nie davon erzählen würde. So ein Ende war einer Frau wie ihr nicht würdig. Aber weißt du, was mich überzeugt hat?«

Ich brachte kein Wort heraus, so gerührt war ich, weil ich hier mit meinem Vater einen gemeinsamen Moment wie nie zuvor erlebte. Das verschlug mir die Sprache, deshalb bestand meine Antwort nur aus einem fragenden Blick.

»Sie hat zu mir gesagt: ›Wie viel Leid muss ein Mensch denn ertragen, bis man ihn endlich als mutig empfindet? Bei mir ist das Maß voll. Fünf Jahre voller Schmerz … Das hat doch nichts mit Mut zu tun.‹«

Vater verstummte kurz, und was er jetzt sagen würde, wusste ich schon, noch bevor er den Mund aufmachte: »Ich bin nicht so mutig wie deine Mutter.«

Er gab mir das Kästchen zurück. Oder er platzierte es vielmehr auf meiner Handfläche, und dann schob er mir Mutters Ringe an den Zeigefinger.

Danach verstummte Vater, und zwar so, als hätte man ihm plötzlich eine Last von der Seele genommen.

Und ich wusste in diesem Moment, dass Vater nie mehr zurückkehren würde. Vermutlich hatte er um diese Erinnerung ganz besonders hart ringen müssen, und nun hatte er sie einem anderen anvertraut, bevor sie verlorenging. Damit, dass er sie einem anderen übergeben hatte, hatte auch sein Kampf ein Ende gefunden. Er hatte darum gekämpft, dass ihm diese verdammte Krankheit jenes Wissen nicht entriss.

Und jetzt kam es mir vor, als hätten die beiden Krankheiten plötzlich freie Bahn.

Dennoch war Vaters Miene ganz friedlich, er hatte keine Angst vor dem, was ihn erwartete. Stattdessen genoss er die Soße unseres gegrillten Nachtischs.

Während er sie ganz langsam auftunkte, ohne Eile, schien ihn der Geschmack seines Lieblingsgerichts in meiner Nähe zu halten, nahe der ihm bekannten Welt.

Ich beschloss, etwas zu tun, was ich schon seit Jahren hätte machen sollen, sowohl für ihn als auch für mich.

»Sollen wir uns vielleicht deinen ersten Film anschauen?«

Strahlender hatte ich ihn noch nie lächeln sehen. Aber dann kamen ihm Zweifel.

»Wie denn?«

»Auf die beste Art und Weise«, antwortete ich.

Ich zahlte, half ihm beim Aufstehen und brachte ihn zum Wagen. Dann fuhren wir zu einem Autokino ganz in der Nähe, das ich kannte.

Dort holte ich die alten Filmrollen aus dem Auto, die Vaters Regieassistent mir gegeben hatte, und steckte dem Filmvorführer ein dickes Trinkgeld dafür zu, dass er den Streifen für uns projizierte und keine weiteren Zuschauer reinließ. So viel Geld ich dafür auch bezahlte, es war ein geringer Preis für die Erfahrung, die mich da erwartete.

Wir parkten mitten auf der Wiese, wo wir auf jeder Seite einen Lautsprecher hatten. Dann holte ich die Flasche mit altem Whisky heraus, die Sofort mir mitgegeben hatte, und schenkte jedem von uns ein Glas ein.

Als der Film begann, war Vater ganz ergriffen von unserem ersten gemeinsamen Kinobesuch, der auch sein letzter sein würde.

Wir schauten uns seinen ersten Film an. Den Film hier mit Vater an meiner Seite zu sehen und zu erkennen, wie er all seine Ängste dort hineingegossen hatte, war eine rührende Erfahrung, so voller Leben. Vermutlich ist ein Erstlingswerk immer die Essenz seines Schöpfers und dessen Welt.

Mit glänzenden, feuchten Augen starrte Vater die Leinwand an. In manchen Momenten rannen ihm Tränen über die Wangen, an anderen Stellen drückte er mir ganz fest die Hand.

Dabei leerten wir im Rhythmus des Films Schluck für Schluck die ganze Flasche Whisky.

Und dann erschien auf einmal Mutter. Sie hatte keinen Text, sondern tauchte einfach nur kurz neben dem Hauptdarsteller auf und brachte ihr ganzes Glück und ihre Magie mit.

Und da konnte ich einfach nicht mehr, begann zu schluchzen und vergoss all die Tränen, die ich schon seit Jahren heruntergeschluckt hatte.

Lächelnd spielte Mutter die Frau, die in einer Buchhandlung mit der Hauptfigur zusammenstößt, strahlend und unglaublich schön …

Wie zauberhaft Vater sie da festgehalten hatte! Vermutlich war die Liebe zwischen ihnen auch der Kamera nicht entgangen, die sie vielleicht sogar noch verstärkt hatte.

Als ich zu Vater rüberschaute, sah ich, dass auch er weinte. Wahrscheinlich liebten und vermissten wir Mutter beide mit derselben Intensität.

Irgendwann war der Film vorbei, und am Ende des Abspanns stand dann jener Satz, jener Gesang, jener ewige Rat:

Für meine Söhne, damit sie nie vergessen, dass sie al-
les sein können, was sie wollen.

Ich hatte ja keine Ahnung gehabt, dass er uns den Film
gewidmet hatte. Das hatte er uns nie erzählt …

Mit dem Ende der Vorführung war auch Vater verschwunden, er hatte mich zusammen mit dem Film verlassen. Der Mann an meiner Seite sagte jetzt einfach
nur: »Was für ein schöner Film. Wer ist denn der Regisseur?«

Nun saß wieder der Unbekannte neben mir, der davon
ausging, dass wir zusammen einen Film drehen würden.

»Wir sollten uns jetzt besser ausruhen, morgen haben
wir ja einen langen Tag vor uns«, fügte er noch hinzu.

Da war er also wieder, dieser Mann, der in mir seinen
Sohn nicht wiedererkannte, eine Mischung aus dem, was
war und was er mal gewesen war.

Ich nickte und fuhr mit ihm zum Hotel zurück.

»Wir werden einen tollen Film drehen«, sagte ich.

Auch von diesem anderen Wesen wollte ich mich gerne
verabschieden.

»Ich weiß«, murmelte er.

»Mit welcher Szene würden Sie denn gern anfangen?«

»Mit dem Ende«, antwortete er.

»Mit dem Ende?«, hakte ich nach.

In diesem Moment spürte ich auf einmal den Alkohol in
meinem Blut. Vermutlich hatten die Tränen seinen Effekt
verlangsamt, aber ich war blau und Vater wohl auch.

Augenblicklich bekam ich ein schlechtes Gewissen, weil ich mich normalerweise nicht ans Steuer setzte, wenn ich getrunken hatte. Jetzt musste ich auch an meine Frau denken.

Die hatte ich so sehr geliebt, dass ich nach ihrem Tod dem Rest der Welt den Rücken gekehrt hatte.

»Wie soll denn dieser Schluss aussehen?«, fragte ich jetzt.

Vater konnte mir nicht antworten, weil er kein Drehbuch im Kopf hatte. Aber dann schien ihm der Alkohol neuen Mut zu verleihen.

»Er nimmt Abschied, und sein Sohn lässt ihn gehen ... Das Ende ...« Mehr sagte er dazu nicht.

Dann erreichten wir unser Hotel, das Hotel, in dem der Portier sonntags lebenswichtige Worte aufschrieb. Ich hatte mir selbst versprochen, immer nur an diesem Tag hierher zurückzukehren, und wollte dieses Versprechen gern bis ans Ende meines Lebens halten.

Dieser Ort würde nun die perfekte Kulisse für den Schluss, für unser Ende darstellen. Nach dem Schlachthaus war dies der zweite Schauplatz, den wir zusammen aussuchten, und ich nahm uns dort ein Doppelzimmer.

Als ich den Raum betrat, ging ich schnurstracks zum Bett hinüber. Und tatsächlich, selbst nach all den Jahren lag dort auf dem Kissen das Sonntagszitat, das uns mit Sicherheit die Antwort auf alle Fragen liefern würde.

Ich holte das Kärtchen vom letzten Mal hervor und las es erneut.

Und wenn die, die sterben, eine Wahrheit entdeckt
haben ... eine Wahrheit über Liebe, Freundschaft,
über sich selbst ... und wir die Unwissenden sind?
Vielleicht ist das ja der Sinn des Lebens: Wir alle wis-
sen unterschiedliche Dinge nicht, bis wir eines Tages
verschwinden. Und dann erlaubt uns die Wahrheit, zu
gehen. Könnte es nicht so sein?

Wahrheit und Tod ... Die Wahrheit, die du erfährst ... Ich
gab das Kärtchen an Vater weiter, der es schweigend las. Keine Ahnung, wer von scinen beiden Teilen da diese Worte in
sich aufnahm, ob überhaupt noch etwas von ihm übrig war.

Vater streckte sich auf dem Bett aus, er war völlig erschöpft. Die Schlacht näherte sich ihrem Ende.

Jetzt las ich den neuen Text, den ich vom Kissen genommen hatte. Ich wusste, dass diese Worte mir den Weg wei-
sen würden, oder hoffte es zumindest. Dieses Mal war die
Botschaft kürzer, sie bestand nur aus neun Wörtern:

Die großen Entscheidungen wurden doch schon vor
Jahren getroffen ...
7. November
A.

Und das stimmte, meine Entscheidung war das Resultat eines ganzen Lebens mit Vater.

Der reichte mir nun instinktiv die Hand, und ich griff
danach, bevor ich das Kästchen öffnete und das Pulver da-

raus in ein Glas mit Wasser gab. Als ich Vater das Kästchen reichte, nahm er es und roch daran.

Ich weinte, weil ich seinen Schmerz spüren konnte, aber auch sein Vertrauen. Das hier war sein Ende, der Beginn seines Filmdrehs, und dazu brauchten wir nicht mehr, es war kein Dialog nötig.

Vater trank noch nicht, sondern flüsterte zunächst: »Mach es nicht wie ich. Wende dich nicht von den anderen ab. Kehr ins Leben zurück.«

Dann schloss er die Hand zur Faust und schaute mich an. Ich hatte nicht erwartet, dass er Mutters Geheimnis kannte. Als er die Faust wieder öffnete, lächelte ich, während mir Tränen über die Wangen liefen.

Dann ballte auch ich die Hand zur Faust, und dieses Mal war Vater derjenige, der lächeln musste. Das war sein letztes Lächeln, mit dem letzten Atemzug. Er hatte nicht getrunken, was ich für ihn vorbereitet hatte, das war gar nicht nötig gewesen. Am Ende brauchte er etwas anderes, dass ich nämlich einfach nur bei ihm war und ihm half. Und dieser Schluss war doch nun wirklich eine Geschichte wert.

Mit dem Kästchen in den Händen verließ er ganz langsam diese Welt, und ich war dabei die ganze Zeit an seiner Seite. Ich hatte das Versprechen gehalten, das ich einst Mutter gegeben hatte. Und jetzt würde ich das tun, was mir Vater gerade mit auf den Weg gegeben hatte. Sein Schmerz hatte mich von meinem befreit.

Meine Frau hatte einst ihren eigenen Schmerz überwunden, indem sie das Leid jenes Meisters unter den Schriftstellern durchlebt hatte, und mir war nun dasselbe durch den Schmerz meines Vaters widerfahren. Sein Leiden hatte meins vollendet. Und ich würde ins Leben zurückkehren, wieder spielen und kämpfen. Ich würde meinen eigenen Archipel der Aufrichtigkeit erschaffen.

Dafür rief ich als Erstes zu Hause an, in dem Haus, das bald meines sein würde, wenn sie mich denn wollte …

Ich bat die Frau meines Bruders, die Zwillinge ans Telefon zu holen, und flüsterte ihnen zu: »Ihr könnt alles sein, was ihr wollt. Ihr werdet es schaffen, und ich werde für euch da sein.«

Von nun an würde ich mich wieder um sie kümmern, gleichzeitig wollte ich am nächsten Tag mit dem Dreh des eigentlich nicht existierenden Films beginnen und damit den letzten Traum meines Vaters Wirklichkeit werden lassen.

Morgen würde ich also ins Leben zurückkehren. Und es würde sich mir anpassen, mich einlassen, damit ich es verändern konnte. Wenn man zurückkehrt, vereint man seine Kraft nämlich mit der von vielen anderen.

An dieser Stelle fiel ich in Ohnmacht und verlor für 90 Sekunden das Bewusstsein. Das war mir schon seit Jahren nicht mehr passiert, aber es bedeutete wohl, dass auch Mutter bei mir war.

Ich hatte meinen Computer neu gestartet und war zurückgekehrt. Als ich nun Vater anschaute, sah ich in ihm mich selbst. So groß sind die Unterschiede ja nicht …

Ich beschloss, dass auch ich mir erlauben würde, alles zu sein, was ich wollte.

Unsere Leseempfehlung

192 Seiten
Auch als E-Book
erhältlich

Als der Held des Romans das Sprechzimmer des Arztes betritt und ihn dessen mitleidiger Blick trifft, weiß er sofort: Er wird sterben. Drei Tage bleiben ihm noch. Nie zuvor hatte er das Leben so sehr geliebt wie in jenem Moment, als er es zu verlieren beginnt. Beinahe traumwandlerisch begibt er sich auf seine letzte Reise und gelangt auf eine mystische Insel. Es ist die Abschiedsstation einer Gruppe todgeweihter Jugendlicher, die hierhergekommen ist, um die Welt hinter sich zu lassen, insbesondere die der Erwachsenen mit ihren festen Regeln, den falschen Zwängen und Schuldgefühlen. Denn im Angesicht des Todes wissen sie, dass jeder Augenblick zählt.

www.goldmann-verlag.de
www.facebook.com/goldmannverlag

 GOLDMANN
Lesen erleben